사진 1
출처: 〈미술 수첩〉 웹사이트(33쪽)

레안드로 에를리치Leandro Erlich 《건물(Building)》
2004년/2017년
전시 모습: 〈레안드로 에를리치전: 보는 것의 현실〉 모리미술관,
2017년
촬영: 하세가와 겐타
사진 제공: 모리미술관
Courtesy: Galleria Continua

사진 2
영장》의 사진을 모리미술관의 매표소에 제시하면
료가 할인되는 '수영장 할인' 행사를 실시했다(47쪽).

레안드로 에를리치 《수영장(Swimming Pool)》 2004년
소장: 가나자와 21세기 미술관
촬영: 기오쿠 게이조
사진 제공: 가나자와 21세기 미술관

사진 3

문화의 전파를 위해 연 1회 〈롯폰기 아트 나이트(Roppongi Art Night)〉라는, 거리를 무대로 한 예술 행사를 개최하고 있다(61쪽).

©teamLab Exhibition view of MORI Building DIGITAL ART MUSEUM : EPSON teamLab Borderless, 2018, Odaiba, Tokyo c teamLab

사진 4

2018년에는 오다이바에 '모리빌딩 디지털아트 뮤지엄: 엡손 팀랩 보더리스(MORI Building DIGITAL ART MUSEUM: EPSON teamLab Borderless)'를 개장했다(62쪽).

Mori Art Museum 森美術館 ✔ @mori_art_museum · 3月25日 ⌄

【本日火曜は17時まで】
森美術館「六本木クロッシング2019展：つないでみる」は本日は17時までとなります！（最終入場は16時半）
goo.gl/EKxSmX
#六本木クロッシング2019展 #rx2019 #森美術館

◯　　♻ 3　　♡ 15　　ᵢₗᵢ

5

시간을 확실히 알리는 등 '기본 정보를 제대로 전달하는 일'을 게을리하지 않는다(88쪽).

내용: Mori Art Museum 모리 미술관[오늘 화요일은 17시까지] 모리 미술관 〈롯폰기 크로싱 2019전: 연결해 보다〉는 오늘은 17시까지입니다! (마지막 입장은 16시 30분)
　　#롯폰기크로싱2019전 #rx2019 #모리미술관
이미지: 롯폰기 크로싱 2019전: 연결해 보다

6

전시회가 끝나갈 때는 '폐막까지 7일'과 같이 '카운트다운' 게시물을 올린다(95쪽).

까지 7일 무라카미 타카시의 오백나한도전

사진 7
사진에 곁들일 글의 맨 첫 줄은, 이것
이 어떤 게시물인지 말해 주는 '제목'
으로서 작성한다(110쪽).

Mori Art Museum 모리 미술관
[알고 계셨나요?]
〈롯폰기 크로싱 2016전〉에서는 전시장 내
사진 촬영, SNS 공유가 가능합니다.
※촬영이나 사진 사용 시에는
아래 링크를 확인해 주세요.

사진 8
많은 예술가들이 참가하는 단체전에서는 메인 이
지를 많이 전파함으로써 균형 잡힌 프로모션을 한
(115쪽).

(검은색 큰 글씨) 카타스트로프와 미술의 힘전
(붉은색 글씨) 그래도 인간은 맞선다.
(검은색 작은 글씨) 롯폰기 힐스 · 모리 미술관 15주년 기념전
모리 미술관 롯폰기 힐스 모리 타워 53F

iv

【美術館でも惑星探し】
N・S・ハルシャの絵画には、宇宙をモチーフにした作品が多数登場します。全長24mの大型作品《ふたたび生まれ、ふたたび死ぬ》に描かれている大きな宇宙で未知の惑星探しはいかがですか。 #惑星7つ #惑星発見
mori.art.museum/contents/n_s_h... – 場所: 森美術館

서 화제가 된 트렌드를 작품과 연결해 게시물을 올린다(144쪽).

Museum 모리 미술관
서도 행성 찾기] N.S. 하르샤의 그림 중에는 우주를 모티프로 삼은 작품이 여러 가지 있습니다. 전체 길이가 24m인 대형 작품
거나, 다시 죽다〉에 그려진 커다란 우주에서 미지의 행성 찾기, 어떠신가요? #행성7개 #행성발견
리 미술관

개최한 '우주와 예술전'에서는 미술관 카페와 협력해서 '블랙홀 튀김덮밥'이라는 메뉴를 개발했다(149쪽).

사진 11
〈N. S. 하르샤전〉에서는 미술관 카페의 전시회 특별 메뉴인 '코코넛밀크와 토마토 풍미의 치킨 커리'의 밥을 전시회의 대표 색상인 분홍색으로 만들어서 화제가 되었다(150쪽).

사진 12
〈롯폰기 크로싱 2019전〉에서는 SNS 리뉴얼 기획으로, 전시회 출품 작가인 하야시 치호가 AI 로봇 '안드로이드 사장'과 함께 '레이와'를 발표했다. 전시 기간 중 가장 참여율이 높은 게시물이 되었다(165쪽).

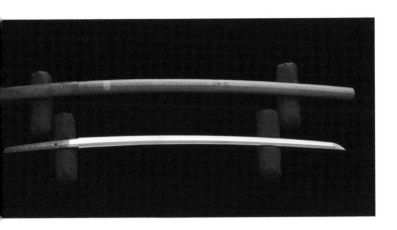

토 다케아키의 지시를 따라 철운석으로 만든 일본도 《유성도》(166쪽).

구니무네 《유성도》 1898년
ㅁ농업대학도서관
ㅁ쿠 게이조

요시타카가 《유성도》를 캐릭
들었다(169쪽).

©AMANO Yoshitaka
Courtesy Mizuma Art Gallery

사진 15
전시회에 출품된 상징적 작품을 장르별로 골라, 전시회 전에 SNS에 올리고 반응을 본다. 어떤 계층이 어떤 장르, 어떤 작품을 좋아하는지 사전에 조사할 수 있다 (177쪽).

소라야마 하지메《섹시 로봇》2016년
전시 모습: <우주와 예술전: 가구야히메, 다빈치, 팀랩> 모리미술관, 2016년
촬영: 기오쿠 게이조
Courtesy: NANZUKA

사진 16
인스타그램의 메인 화면은 통
미관을 의식해서 구성한다(2(

줄서는 미술관의
SNS 마케팅 비법

도다누키 신이치로 지음

유엑스 리뷰

'입장객 수 순위'
급상승의 비밀

'입장객 수 순위' 급상승의 비밀이 여기에 있다

먼저 이 책을 선택해 주서서 감사합니다.

저는 도쿄 롯폰기의 모리미술관에서 마케팅을 담당하는 도다누키 신이치로입니다.

지금 모리미술관의 디지털 마케팅 전략은 여러 방면에서 주목을 받고 있습니다.

모리미술관이라는 현대미술 플랫폼에서 디지털 마케팅을 본격적으로 실시하자 어떤 일이 일어났을까요? 지금까지 제가 해 온 일들을 이제부터 독자 여러분께 이야기해 드리겠습니다.

우선 다음에 나오는 표를 봅시다. 2018년 일본에서 개최된 전시회의 '입장객 수 순위'(〈미술수첩〉 조사)입니다.

보시는 바와 같이 1위와 2위를 모리미술관의 기획전이 차지했습니다.

1위는 아르헨티나 출신의 예술가인 레안드로 에를리치Leandro Erlich의 개인전 〈레안드로 에를리치전: 보는 것의 현실〉으로 61만 명을 넘는 관람객을 기록했습니다. 이것은 2003년에 개최한 모리미술관의 개관 기념전 〈해피니스Happiness〉 73만 명에 이어 역대 2위의 입장객 수입니다.

2위는 고대부터 현대에 이르는 건축 자료와 귀중한 모형, 체험형 설치미술 등 400점이 넘는 전시를 모은 〈건축의 일본전: 그 유전자가 가져오는 것〉입니다. 일본 건축의 아홉 가지 특징을 유전자

'입장객 수 순위' 급상승의 비밀

2018년 미술 전시회 입장객 수

기간	일수	전시회 제목(주최자)	총 입장객 수	일 평균 입장객 수
2017년 11월 18일~ 4월 1일	135	레안드로 에를리치전: 보는 것의 현실(모리미술관)	61만 4,411(도쿄 시티 뷰와 통합 입장권)	4,551
4월 25일~ 9월 17일	146	건축의 일본전: 그 유전자가 가져오는 것(모리미술관)	53만 8,977(도쿄 시티뷰와 통합 입장권)	3,692
5월 30일~ 9월 3일	85	루브르 미술관전 초상예술 - 사람은 사람을 어떻게 표현해 왔는가(국립 신미술관, 루브르 미술관, 니혼TV 방송망, 요미우리 신문사, BS 니혼TV)	42만 2,067	4,965
2017년 10월 24일~ 1월 8일	66	고흐전 돌고 도는 일본의 꿈(도쿄도 미술관, NHK, NHK 프로모션)	37만 31	5,607
2월 14일~ 5월 7일	73	최고의 인상파 뷔를레 컬렉션(국립 신미술관, 도쿄 신문, NHK, NHK 프로모션)	36만 6,777	5,024
2017년 10월 21일~ 1월 28일	82	호쿠사이와 자포니즘 - HOKUSAI가 서양에 준 충격(국립 서양미술관, 요미우리 신문사, 니혼TV 방송망, BS 니혼TV)	36만 4,149	4,441

7월 3일~ 9월 2일	55	특별전 〈조몬 – 1만 년의 미의 고동〉(도쿄 국립박물관, NHK, NHK 프로모션, 아사히 신문사)	35만 4,259	6,441
1월 16일~ 3월 11일	48	특별전 〈닌나지와 오무로파의 부처님 – 텐표와 진언밀교의 유명한 보물〉(도쿄 국립박물관, 진언종 오무로파 총본산 닌나지, 요미우리 신문사)	32만 4,042	6,751
7월 31일~ 10월 8일	63	사후 50년 후지타 쓰구하루전 (도쿄도 미술관, 아사히 신문사, NHK, NHK 프로모션)	30만 1,638	4,788
2월 24일~ 5월 27일	82	일본 스페인 외교 관계 수립 150 주년 기념 프라도 미술관전 벨라스케스와 회화의 영광(국립 서양미술관, 프라도 미술관, 요미우리 신문사, 니혼TV 방송망, BS 니혼TV)	29만 5,517	3,604

출처: 〈미술 수첩〉 웹사이트

'입장객 수 순위' 급상승의 비밀

로 표현해서 일본뿐만 아니라 국제적으로 어떻게 분포하는지 검증하는 전시회였습니다. 건축이라는 전문적인 분야임에도 53만 명을 넘는 입장객을 기록했습니다.

그러면 여기까지 읽으신 독자 여러분 중에는 신기하다고 느끼는 분도 계실지 모릅니다. 3위인 국립 신미술관의 〈루브르 미술관전〉, 4위인 도쿄도 미술관의 〈고흐전〉 등 국공립 미술관에서 개최한 대규모 전시회보다 롯폰기의 사립 미술관에서 개최한 현대미술과 건축 전시회의 입장객이 더 많았으니 말입니다.

모리미술관이 이렇게 많은 입장객을 모을 수 있었던 이유는 무엇일까요?

그 비밀은 SNS(소셜 네트워크 서비스social network service)를 필두로 한, 디지털 마케팅을 활용한 전략에 있습니다. 디지털 마케팅은 미술관의 관람객 증가에 직접적인 영향을 미치고 있는 것, 즉 관람객층을 정확하게 공략하고 있는 것입니다.

일본 미술관 중 최대 규모의 팔로워 수

저는 2015년 소셜미디어 매니저라고도 하는 SNS 관리자를 맡게 되었습니다. 미술관의 소셜미디어 전략을 짜고 트위터Twitter, 인스타그램Instagram, 페이스북Facebook 등의 SNS를 분석하면서 디지털 도구를 활용해 전략적 정보를 제공하는 일을 합니다.

모리미술관의 SNS 계정만 담당하고 있는 것이 아닙니다. 롯폰기 힐스의 전망대 '도쿄 시티뷰'와 그곳에서 개최되는 기획전의 SNS도 관리하고 있습니다. 또한 신흥 SNS의 동향을 확인하고 정신없이 변화하는 SNS의 정보를 수집하는 일도 중요한 업무입니다.

어떤 분이 '전문적인 SNS 분석과 운용을 하는 미술관·박물관은 일본에서는 모리미술관밖에 없지 않나'라고 말한 적이 있습니다. 듣고 보면 일본 내 미술관 중에서는 드문 일인지 모릅니다. 자

'입장객 수 순위' 급상승의 비밀

화자찬 같아서 부끄럽지만 제가 SNS를 맡아 전략적인 운용을 시작한 후로 모리미술관의 팔로워 수는 비약적으로 늘어났습니다. 지금은 트위터에 약 17만 3,000명, 인스타그램에 약 12만 명, 페이스북에 약 12만 명, 합계 약 41만 명의 팔로워가 있습니다(2019년 5월 기준).

이 팔로워 수는 일본의 미술관 중 최대 규모입니다.

최고의 테크닉은 SNS 운용의
본질을 이해하는 것

최근에는 모리미술관의 SNS 운용이 일반 기업들에게 주목을 받아, 광고와 마케팅 담당자들을 위해 강연할 기회가 늘었습니다. 그때마다 얼마나 많은 사람이 SNS 운용 때문에 고민하는지 실감합니다.

- 어떤 게시물을 올려야 할까?
- '좋아요'나 '리트윗retweet'을 늘리기 위해서는?
- 어떻게 하면 팔로워가 늘어날까?
- 논란을 일으키지 않으려면 어떻게 해야 할까?
- SNS의 중요성을 조직에 이해시키려면?

이 책에서는 '이렇게 하면 입소문을 탄다! 팔로워가 늘어난다!'라는 노하우를 전달하지는 않을 것입니다. SNS의 테크닉은 각자의 환경에 맞춰 만들어 나가는 것이 최선이기 때문에 그 패턴은 무한히 많고, 테크닉은 금방 낡게 됩니다.

사양도 빈번히 바뀝니다. 세로 화면으로 표시되는 '스토리Story'가 인스타그램과 페이스북에 추가되면서 기업 계정들이 게시물을 만드는 방식을 다시 생각해야 했던 사례도 있습니다.

그러므로 테크닉과 관련된 부분은 다른 기회에 이야기하기로 하고, 이 책에서는 SNS 운용에서 가장 중요한 부분을 다루려 합니다. SNS 운용의

'입장객 수 순위' 급상승의 비밀

본질을 이해하는 것이 최고의 테크닉입니다.

미술관의 SNS를 운용하면서 깨닫게 된 점이 많습니다. SNS를 어떻게 운용해야 할지, 어디에 중심축을 두고 정보를 제공하고 어떻게 분석하면 좋을지, 또한 조직 내에서 어떻게 공유하고 주변 사람들의 협력을 얻어야 할지, 최종적으로 어떤 결과를 낳을지.

제가 지금 일에서 가장 중요하다고 생각하는 부분을 실제 사례와 함께 이야기하고 싶습니다.

기존의 SNS 관련 서적들은 디지털 마케팅 운용 컨설턴트 등 소위 '프로'들이 쓴 것이 대부분입니다. 저와 같은 기업 SNS 담당자가 쓴 책, 그것도 미술관의 디지털 마케팅을 소개한 책은 아주 드물지 않을까 싶습니다.

제가 SNS 담당자로서 현장에서 땀 흘려 시도한 일, 직접 시행착오를 거치며 알아낸 것들이 이 책을 읽는 여러분께 도움이 될 것이라고 생각합니다.

미술관과 박물관에 소속된 동업자 여러분은 물론, 기업과 행정부 등의 조직에서 SNS를 담당하는 분들, 개인적으로 SNS를 즐기는 분들, 앞으로 SNS를 시작하려 하는 분들께도 들려 드릴 이야기가 많습니다.

그래서 난해한 말은 가능한 한 피해서 이야기하려 합니다. 이것은 사실 SNS 운용에도 공통되는 중요한 점입니다.

현대미술 미술관 프로모션의 최전선을 살펴보면서 미술관과 SNS의 궁합, 다소의 실패담 등, 재미있게 읽을 수 있도록 구성했습니다.

서론은 여기까지 하고 이제 본론으로 들어가겠습니다.

우선은 〈레안드로 에를리치전〉이 왜 성공했는지, 그 무대 뒤를 공개하려 합니다.

이 책을 통해 미술관과 미술의 매력, 그리고 소셜미디어의 가능성과 재미를 체험하실 수 있다면 기쁠 것입니다.

'입장객 수 순위' 급상승의 비밀

제1장
'촬영 허용'의 파도가 미술을 바꾼다

제4장
'모리미술관식' 인스타 & 트위터 활용법

제5장
테크닉보다 훨씬 중요한 것

마치며
담당자의 소중함

<레안드로 에를리치전>
성공의 무대 뒤

미술관 관람객 모으기도
'종이'에서 '디지털'로

2018년 '입장객 수 순위' 1위에 빛나는 모리미술관의 〈레안드로 에를리치전〉에서 관람객을 모으는 데 크게 공헌한 것이 트위터, 인스타그램, 페이스북 등의 SNS라는 사실은 머리말에서 이미 언급했다.

일반적으로 전시회를 알리는 방법은 TV와 라디오를 제외하면 종이 매체가 주류이고 전단지 배부, 포스터 게시, 초대권 배부를 예로 들 수 있다. 광고 예산이 있으면 신문이나 잡지 광고, 교통 광고(역과 전철 내의 광고)를 내기도 한다.

역의 포스터나 전철 안 광고로 전시회 홍보를 접했던 독자도 많을 것이다. 역 광고의 경우 게시 기간, 그 역에서 타고 내리는 사람 수, 그 역이 속한 노선, 주변 지역의 미술관·박물관 종류 등을 고려해서 전략적으로 실시한다. 비용이 많이 들기 때문에 비용 대비 효과를 생각해 신중하게 광고를 집행할 필요가 있다.

모리미술관의 경우, 이러한 교통 광고는 거의 내지 않는다. 물론 광고를 본 사람이 관심을 가지고 스마트폰으로 검색하거나 해시태그hashtag를 클릭하는 효과는 기대할 수 있을 것이다. 그러나 교통 광고의 정보는 길에서 우연히 만나는 '인터넷 검색 소재 중 하나'로 전락한 것이 아닐까.

독자 여러분도 출퇴근이나 등하교를 할 때 역 또는 차량 내에서 많은 광고를 볼 것이다. 하지만 광고를 보는 사람이 그 광고에 관심이 없거나, 광고주의 시각에서 봤을 때 대상이 아닌 경우는 '검

〈레안드로 에를리치전〉 성공의 무대 뒤

색'의 행동조차 이끌어 내기 어렵다. 스마트폰 화면을 보느라 광고는 눈에 들어오지도 않을 수 있다. 기껏 광고를 내도 인상에 남지 않아서 기억되지 못할 가능성을 생각하면, 솔직히 적극적으로 광고를 시행하기는 어렵다.

이처럼 광고의 흐름이 변화하기 시작한 계기는 스마트폰의 보급이었다고 생각한다.

특히 필자가 모리미술관의 SNS 담당이 된 2015년 경, 그전까지 소형이었던 스마트폰의 화면이 대형으로 바뀌고 카메라 기능도 비약적으로 향상되었다. 선명한 화면을 즐기는 방향으로 스마트폰의 사용 방법이 달라지고, 통신도 4G가 되어 빨라지면서 사진과 영상을 언제 어디서나 올리는 흐름이 가속되었다.

구체적인 데이터를 소개하겠다. 다음의 그래프는 〈레안드로 에를리치전〉 관람객들의 '관람 동기'를 나타낸 것이다.

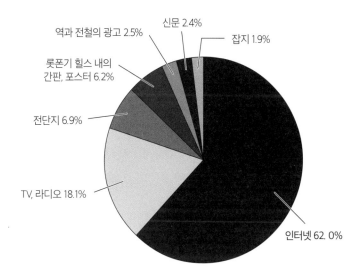

〈레안드로 에를리치전〉 관람객의 동기
관람으로 이어진 정보를 어디서 얻었는가

역과 전철의 광고 2.5%

신문 2.4%

잡지 1.9%

롯폰기 힐스 내의
간판, 포스터 6.2%

전단지 6.9%

TV, 라디오 18.1%

인터넷 62. 0%

〈레안드로 에를리치전〉 성공의 무대 뒤

그래프를 보면 알 수 있듯 관람객의 대략 60퍼센트가 스마트폰과 컴퓨터, 즉 인터넷에서 얻은 정보를 계기로 방문했다. 전단지나 포스터 등 종이를 계기로 방문한 관람객은 20퍼센트에도 미치지 못했다.

또 '인터넷'이라는 대답의 내용을 보면 웹사이트를 제치고 SNS를 계기로 방문한 사람이 가장 많음을 알 수 있다.

전시회를 보러 가는 동기 중 SNS가 얼마나 큰 부분을 차지하는가. 미술관의 입장에서 볼 때 SNS가 전시회 관람객을 동원할 때 빼놓을 수 없는 수단이 되었음이 이 자료에 잘 나타나 있다.

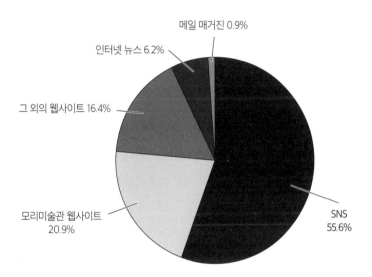

〈레안드로 에를리치전〉 관람객의 동기
관람 동기(인터넷이라는 답변의 구체적인 내용)

메일 매거진 0.9%

인터넷 뉴스 6.2%

그 외의 웹사이트 16.4%

모리미술관 웹사이트
20.9%

SNS
55.6%

023

〈레안드로 에를리치전〉 성공의 무대 뒤

다만 이 현상은 모리미술관에 관심이 있는 연령층과도 깊은 관련이 있다.

다음의 그래프는 〈레안드로 에를리치전〉 관람객의 연령층이다. 20대가 가장 많은 39.4퍼센트, 그다음 10대로 17.2퍼센트, 그리고 30대로 14.7퍼센트라는 결과가 나왔다.

모리미술관 전체 관람객의 약 70퍼센트는 10~30대의 젊은 사람들이다. 40대도 합하면 80퍼센트를 넘는다. 이 세대는 하루 중 스마트폰 이용 시간이 길고 소셜미디어를 활발히 이용한다. 한편 50대 이상의 관람객은 10퍼센트에 불과하다.

SNS를 활발히 운용하기 때문에 젊은층에게 인기가 있는 것인지, 아니면 젊은층이 관심을 가지는 것이 미술관이기 때문에 SNS가 효과가 있는 것인지, 이 부분에 대해서는 더욱 분석이 필요하다. 그러나 어느 쪽이든 모리미술관에서는 이 '방문해 주는 층'을 대상으로 정해서 홍보하고 있다. 이것은 모리미술관의 특징 중 하나다.

모리미술관 관람객의 속성(연령대)

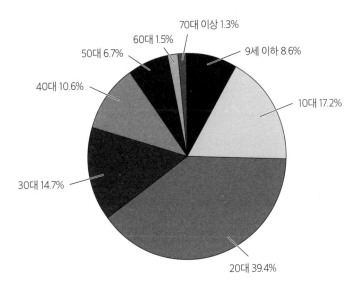

70대 이상 1.3%

60대 1.5%

50대 6.7%

40대 10.6%

30대 14.7%

20대 39.4%

9세 이하 8.6%

10대 17.2%

〈레안드로 에를리치전〉
(2017년 11월~2018년 4월)

〈레안드로 에를리치전〉 성공의 무대 뒤

다른 미술관에서는 반대 현상도 관찰된다. 앞의 '입장객 수 순위'에서 4위였던 〈고흐전〉을 개최한 도쿄도 미술관, 국보 전시 등으로 알려진 도쿄 국립박물관의 경우 관람객의 중심은 50~60대 이상으로, 비교적 높은 연령층이 많다고 한다.

소위 '액티브 시니어active senior'라고 불리는 층이 평일에 미술관을 찾아 친구들과 미술 감상을 즐기는 것이다. 모리미술관 담당자의 입장에서 보면 아주 부러운 현상이다. 이 사람들이 모리미술관을 방문하도록 유도하고 싶지만, 현실은 녹록하지 않다.

이 층이 모리미술관을 잘 찾지 않는 요인은 '현대미술'이라는 콘텐츠의 난해함도 있지만, 시니어 세대의 스마트폰 보급률과 SNS 사용률도 관계가 있지 않나 싶다.

그래도 최근에는 시니어 세대에도 스마트폰이 보급되고 있고, 능숙하게 SNS를 이용하는 '액티브 시니어'가 서서히 증가하고 있다. 이 흐름이 계속

되면 앞으로는 모리미술관에도 기회가 생길지 모른다.

그러나 현재는 시니어 세대의 마음을 끌어당길 방법을 찾지 못했다. 앞으로는 전시회의 홍보뿐만이 아니라 세대를 초월한 현대미술 팬, 모리미술관 팬을 만들어 나가고 싶다. 일회성 '관람객 확보'가 아니라 꾸준히 팬을 만들어 나가는 일도 SNS 운용의 역할 중 하나라고 생각한다.

〈레안드로 예룰리치전〉 성공의 무대 뒤

'인스타용 사진'이
목적은 아니다

       이런 이야기를 하면 "모리미술관은 항상 젊은 사람들을 노리고 '인스타그램에 올리기 좋은' 전시회를 기획하는군요."라는 말을 듣는 경우가 있는데, 절대 그렇지는 않다.

    전시회를 기획하는 사람은 필자가 아니다. 큐레이터가 조사와 연구를 거듭해, 전시회에 따라서는 3년 이상에 걸쳐 기획한다. 전시 내용은 그야말로 그 조사와 연구의 결정체다.

    '국제성과 시대성'을 기반으로 해서, 도쿄와 아

028

시아 현대미술의 중요한 거점인 모리미술관만의 방침이 있다.

물론 전시회 기획이 진행되는 과정에서 소위 '인스타에 올리기 좋은 작품'도 후보에 오른다. 그러나 이것은 필자가 생각하는 마케팅적 시각에서 '올리기 좋다'가 아니라, 큐레이션의 맥락에서 필연성이 있는 '중요한 작품'이기에 '올리기 좋은 작품'으로 전시하는 것이다.

다시 말해 기획의 중심이 되는 부분에는 '인스타용 사진'과 같은 마케팅적 요소는 포함되지 않는다.

이것은 일반 기업, 특히 제조사의 상품 개발 등과는 다르게 크리에이티브와 마케팅이 분리된 상황이라고도 할 수 있다. 그러나 미술관에서는 오히려 이 분리된 방식이 옳다고 생각한다.

미술관에서 개최하는 전시회는 흥행이나 엔터테인먼트와 다르다. 마케팅 담당자답지 않은 개인적인 의견이지만, 많은 사람을 모으려 하거

〈레안드로 에를리치전〉 성공의 무대 뒤

나, 젊은 사람들을 타깃으로 삼거나, '인스타에 올리기 좋은' 것을 하자는 등의 욕심은 가능한 한 내지 않는 것이 좋다고 생각한다.

현대미술 미술관의 가치는 이 시대, 이 장소에서 다뤄야 할 작품을 세련된 큐레이션으로 보여 주는 데 있다. 그렇기에 많은 사람에게 감동을 주고 때로는 사회를 움직이는 전시회가 가능한 것이라고 본다.

그러나 아무리 질 높은 전시회를 개최해도 아무도 봐주지 않으면 의미가 없다. 예술가와 큐레이터 등 많은 관계자가 만들어 낸 세계를 어떻게 하면 많은 사람들에게 보여 줄 수 있을까. 봐 주었으면 하는 사람들을 어떻게 끌어모을 수 있을까. 그 점을 생각하는 것이 미술관 마케팅 담당자의 일이자, 실력이 드러나는 부분이다.

이야기가 조금 옆으로 샜는데, 일반적인 비즈니스에도 같은 점이 적용된다고 할 수 있을 것이다. '20대 여성에게 인기 있을 듯한 가게'나 'SNS에서 화제가 될 듯한 상품'과 같이 처음부터 마케팅만 의식하면 누구의 마음도 사로잡지 못하게 되거나, 또는 일회성 유행으로 끝나고 만다.

자신이 정말로 만들고 싶은 것은 무엇인가. 지금 여기서 무엇을 표현하고 싶은가. 왜 그것을 세상에 내놓고 싶은가. 왜 그 음식을 먹어 주기를 바라는가. 이런 부분을 추구하는 일이 먼저여야 한다.

진지한 장인 정신과 표현의 세계에서는 마케팅은 나중에 생각하는 것이 결과적으로 좋다고 느낄 때가 많다. 물론 근본적인 방향성만은 틀려서는 안되므로, 그 서비스나 제품의 필요성을 충분히 검토하는 일은 필요하다. 그러나 원래의 콘텐츠를 최대한으로 살리는 쪽이 마케팅의 측면에서도 효과를 발휘할 수 있다.

〈레안드로 에를리치전〉 성공의 무대 뒤

'촬영 허용'이
입장객 순위에 미친 영향

모리미술관의 강점은 전시회에서 사진 촬영을 허용한다는 것이다. 아직 모든 전시회에서 촬영을 허용하지는 못하지만, 항상 실현을 위해 노력하고 있다.

앞에서 언급한 〈레안드로 에를리치전〉이 '입장객 수 순위' 1위를 달성한 것은 작품의 힘, 즉 전시회 그 자체의 매력 덕분이다. 그러나 그 매력을 사전에 많은 사람에게 알리고, 전시회에 오고 싶다는 생각을 하게 만든 계기는 SNS를 통한 정보의 확산이었다.

다만 독자 여러분도 이런 경험이 있는지 모르겠지만, SNS에 올린 정보는 그냥 내버려둬서는 저절로 확산되지 않는다. 어떤 노력이나 아이디어가 없으면 아무리 기다려도 불이 붙지 않는다.

확산의 '엔진'이 된 것은 미술관 내 촬영을 허용한 시도였다. 관람객이 마음껏 사진을 찍어서 SNS에 올리도록 한 것이다.

모리미술관이 '촬영 허용' 시도를 시작한 것은 2009년 개최한 〈아이웨이웨이전〉부터다. 아이웨이웨이의 개인전 이후로 모리미술관은 전시회에서 '촬영 허용'을 실현하기 위해 계속 노력하고 있다.

〈레안드로 에를리치전〉에서는 작가의 이해도 있었기에 모든 작품의 사진과 동영상 촬영을 허용할 수 있었다. 그 덕분에 권두 사진 1과 같은 인상적인 사진이 SNS에 대량으로 확산되어, 61만 명이나 되는 관람객이 모였다.

〈레안드로 에를리치전〉 성공의 무대 뒤

이 신기한 사진을 어떻게 찍었느냐는 질문을 자주 받는다. 비밀을 밝히자면 사실 건물 벽면을 바닥에 설치한 것이다. 사진에 찍힌 사람들은 모두 바닥에 누워 있는 상태다.

머리 위에는 커다란 거울이 특정한 각도로 설치되어 있다. 그 거울을 보며 사진을 찍으면 마치 자신이 건물에 매달린 듯한 사진이 나온다. 전시회의 콘셉트는 '보는 것의 현실'이다. 눈에 보이는 것이 과연 현실인지, 레안드로 에를리치의 작품을 통해 묻고 있다.

기존의 미술관의 이미지는 정적이 흐르는 전시실에서 액자에 들어간 작품을 조용히 감상한다는 것이 일반적이다. 미술관이라고 말하는 것만으로 다소 장벽이 높은 이미지가 따라다닌다.

그러나 현대미술의 경우 작품 속에 들어가서 작품과 하나가 되어 즐길 수 있다. 감상자가 참여함으로써 작품이 완성되는 것이다. 〈레안드로 에를리치전〉 전시회의 모습은 현대미술 전시회이기에 실현할 수 있었다고 말해도 좋다.

이 《건물》이라는 작품의 경우, 관람객들이 왁
자지껄하게 떠들면서 안으로 들어가, 어떤 포즈
를 취하면 재미있는 사진이 나올지 서로 신이 나
서 이야기했다. 인스타그램에 매일 대량으로 업
로드되는 작품 사진을 보면서, 마치 매일 프레스
프리뷰를 실시하는 느낌이었다.

프레스 프리뷰란 개막 전에 전시회를 대중매체
에 선보이는 일이다. 여기서 기자들이 취재하고
기사를 쓰면 각 언론사가 전시회 정보를 전달하
게 된다. '기자 전용 전시회'라고도 하며 많은 미
술관이 일반적으로 실시한다.

그 때문에 매체의 정보는 개막 시기에 집중되
기 마련이다. 그러나 〈레안드로 에를리치전〉은
전시 기간 계속 프레스 프리뷰를 실시하는 것과
마찬가지인 상태였다. 관람객들이 계속해서 전시
회 정보를 전달했기 때문이다.

035

인스타그램에 올라오는 사진들은 언론 기사의 경우와 달리 전문 사진기자가 찍은 것이 아니다. 글도 전문 기자가 쓴 세련된 문장이 아니라 스마트폰으로 찍은 사진에 스마트폰으로 입력한 글이다. 그러나 SNS 시대에는 관람객들의 '생생한 목소리'야말로 마음을 움직이는 가치 있는 정보다.

물론 언론의 정보는 '널리 인지도를 높이는' 면에서 강력한 영향력이 있다. TV는 그 영향력이 가장 큰 매체로, 방송에서 전시회를 다루는지 여부에 따라 관람객 동원에 눈에 띄는 변화가 일어난다. 웹사이트나 인터넷 뉴스도 마찬가지로 신뢰받는 정보의 원천으로서 빼놓을 수 없는 매체다.

그러나 이 전시회에서 경험한 것은 정보 뒤에 있는 '감동'이 사람들을 움직인다는 사실이었다. 사람들을 움직이는 감동의 목소리가, 전시회 기간이 끝날 때까지 매일 전달되고 확산되는 것을 목격하면서 필자도 '전시회를 통해 여기서 멋진 일이 일어나고 있구나' 하고 감동했다.

　사람들이 작품 일부가 되어 진심으로 즐긴《건물》은 〈레안드로 에를리치전〉을 대표하는 이미지인 동시에, 관람객들에게 가장 인기가 많은 작품이 되었다.

　인기의 이유는 시각적으로 이해하기 쉽다는 점, 작품 속에 들어갈 수 있다는 점, 자신이 그 일부가 되어 작품을 완성하는 재미 등을 들 수 있다. 그리고 무엇보다 '사진을 찍고 싶어지는', 'SNS에 올리고 싶어지는' 심리가 자연스럽게 생긴다는 것이 큰 이유라고 생각한다.

　인상적인 작품, 미술관의 '촬영 허용', 관람객이 자기도 모르게 사진을 찍고 싶어지는 심리, 그리고 SNS라는 도구, 이 모든 것들이 작용해 입장객 수 순위 1위라는 결과를 낳았다. 그중 하나라도 빠졌다면 이 정도로 화제가 되지 못했을 것이다.

　다만 앞에서도 언급했듯이 입소문을 노리고 작품을 전시한 것은 아니다.

037

물론 작품의 해석은 감상하는 사람마다 다르지만 '일상에서 우리가 얼마나 무의식적으로 타성과 관습을 따라 행동하는가' 그리고 '얼마나 상식과 고정관념에 사로잡혀 굳어진 시각을 가지고 있는가'를 깨닫고, 현실을 되돌아보는 계기가 된다면 기쁠 것이라고 레안드로는 말했다.

실패에서 배운
'해시태그'의 올바른 사용법

　　　　　　이 작품의 메시지를 더 많은 사람이 체험할 수 있도록 그 외에도 여러 방법을 이용했다. '해시태그'의 활용도 그중 하나다.

　우선 미술관 입구의 눈에 띄는 곳에 '#레안드로 에를리치전'이라는 해시태그를 내걸어 SNS에 게시물을 올리도록 권장함과 동시에 게시물이 이 해시태그에 집중되도록 유도했다.

　왜냐하면, 인스타그램과 트위터 사용자들은 해시태그를 검색하기 때문이다. 〈레안드로 에를리

039

치전)에 관심이 있는 사용자는 구글에서 '레안드로 에를리치전'을 검색하기보다 먼저 인스타그램에서 '#레안드로에를리치전'을 검색하는 경우가 많다.

그때 앞에서 말한 신기한 사진이 줄줄이 나오면 '나도 찍어보고 싶다!', '실제로 가보고 싶다!'라고 생각하지 않을까. 이제 해시태그는 검색에서 없어서는 안 되는 존재다.

사실 해시태그와 관련해서 실패담이 하나 있다. 전시회 개막 초기에는 '#레안드로전'이 공식 해시태그였다. '#레안드로에를리치전'은 스마트폰으로 입력하기에 너무 길 것이라고 판단해서 단축한 해시태그를 만든 것이다.

그러나 뚜껑을 열어보니 다들 '#레안드로에를리치전'이라고, 제목을 그대로 해시태그로 쓰고 있었다. 전시회 개막을 하고 며칠이 지난 후 이 해시태그가 월등히 많아져서 공식 해시태그를 '#레안드로에를리치전'으로 변경했다.

Q #レアンドロ #레안드로 ⊗ **キャンセル**	**취소**

#レアンドロエルリッヒ展 레안드로에를리치전
投稿31,009件 — 게시물 31,009개

#レアンドロドミンゲス 레안드로도밍게즈
投稿824件 — 게시물 824개

#レアンドロペレイラ選手 레안드로페레이라선수
投稿2件 — 게시물 2개

#レアンドロエルリッヒ 레안드로에를리치
投稿10,498件 — 게시물 10,498개

#レアンドロダミアン選手 레안드로다미앙선수
投稿2件 — 게시물 2개

#レアンドロ・ダミアン 레안드로루다미앙
投稿8件 — 게시물 8개

#レアンドロフレイレ 레안드로프레이레
投稿16件 — 게시물 16개

#レアンドロ展 레안드로전
投稿291件 — 게시물 291개

#レアンドロ選手 레안드로선수
投稿14件 — 게시물 14개

#レアンドロエルリッヒ展は4月1日まで 레안드로에를리치전은 4월1일까지
投稿326件 — 게시물 326개

#レアンドロのプール 레안드로의수영장
投稿5,068件 — 게시물 5,068개

해시태그의 비교

041

〈레안드로 에를리치전〉 성공의 무대 뒤

LET'S POST ON

Post your photos on SNS platforms!

撮影して、シェア！

촬영해서, 공유!

#レアンドロエルリッヒ展

#레안드로에를리치전

Leandro_MAM

森美術館　# moriartmuseum

#Leandro_MAM　#모리미술관　#moriartmuseum

미술관 입구의 눈에 띄는 곳에 '#레안드로에를리치전'이라는
해시태그를 내걸어 SNS에 게시물을 올리도록 권장했다.

현시점에서 '#레안드로에를리치전'은 3만 건 이상인 것에 비해 '#레안드로전'은 300건에도 미치지 못한다. 100배 이상이나 차이가 나는 것이다.

이것은 〈레안드로 에를리치전〉에서만 나타난 현상이 아니다. 〈건축의 일본전〉에서도 '#건축의일본전그유전자가가져오는것'이라는 부제까지 포함한 해시태그가 생겨났다. 〈선샤워전〉에서도 마찬가지로 '#선샤워동남아시아의현대미술전'이라는 긴 해시태그가 많이 올라왔다.

게시물을 올리는 사람의 입장에서 생각해 보면 확실히 미술관의 편의대로 단축해서 만든 해시태그보다 정식 명칭 해시태그로 게시물을 올리고 싶을지 모른다. 이때 해시태그의 길이 같은 것과는 전혀 무관하게 정확한 정보를 제대로 전달하고 싶은 마음을 읽어내야 한다고 느꼈다.

공식 해시태그는 길이를 신경 쓰지 말고 정식 명칭으로 할 것. 이것은 사소한 일이지만 게시물을 올

〈레안드로 에를리치전〉 성공의 무대 뒤

리는 사람들과의 커뮤니케이션을 크게 좌우하는 포인트다.

해시태그의 경우 이런 시도도 했다. 〈레안드로 에를리치전〉이 끝나갈 때 한 해시태그를 실험적으로 만들었다.

그것은 '#레안드로에를리치전은4월1일까지'였다. 원래 미술관이 알려야 할 전시 종료일을 관람객들이 알리도록 한다는 작전이었다.

이 해시태그를 달아 게시물을 올리는 사람들에게 추첨으로 작가 사인이 들어간 카탈로그를 증정하는 행사도 실시했다. 덕분에 300명 이상의 사람들이 응모해서 '#레안드로에를리치전은4월1일까지' 해시태그가 빠르게 확산되었다.

다만 이런 행사가 지나치면 사용자들의 반감을 부르는 경우가 있다. 뒤에서 구체적인 예를 들어서 설명하겠지만, 균형 감각이 필요하므로 주의해야 한다.

이 행사가 어디까지 효과를 발휘했는지는 알

수 없지만 실제로 전시 종료일에 가까워질수록 관람객이 계속 늘었다. 이 뒷심이 관람객 61만 명이라는 기분 좋은 성과를 올린 것인지도 모른다.

〈레안드로 에를리치전〉 성공의 무대 뒤

전대미문의 시도
'수영장 할인'의 효과

독자 여러분은 레안드로 에를리치라는 예술가를 원래부터 알고 있었는가?

현대미술을 좋아하는 사람, 미술에 다소 지식이 있는 사람이라면 알고 있던 이름일지 모른다. 사실 필자는 이 전시회 업무에 참여하기 전까지는, 레안드로 에를리치라는 이름을 들어본 적은 있었지만 어떤 작가인지 거의 이해하지 못했다.

어떤 작품을 만드는 작가인지 몰랐다는 반성과 함께 한 명이라도 더 많은 사람에게 레안드로 에를리치의 이름과 작품을 알리려면 어떻게 해야 할지 생각했다. 거기서 생각해 낸 것이 전대미문의 '수영장 할인'이라는 기획이다.

레안드로 에를리치라는 이름을 들어본 적이 없어도 권두 사진 2를 보면 '아, 이걸 만든 작가구나'라고 알아보는 사람도 있을 것이다. 이 작품은 이시카와현 가나자와시에 있는 현대미술관인, 가나자와 21세기 미술관에 상설 전시된 《수영장》이라는 체험형 설치미술 작품이다.

마치 사람이 물속에 있는 듯 보이는데, 비밀을 밝히자면 투명한 유리 위에 물을 얕게 채우고, 다른 입구를 통해서 수면 아래로 들어갈 수 있는 구조이다. 그래서 밖과 안 양쪽에서 즐길 수 있는 작품이다.

이 작품도 '사진이 잘 나와서' 이미 인스타그램을 중심으로 화제가 됐다.

모리미술관에서 개최하는 전시회가 그 유명한

〈레안드로 에를리치전〉 성공의 무대 뒤

《수영장》 작가의 개인전이라는 정보를 이해하기 쉽게 전달하고, 확산시키기 위해서 어떻게 해야 할지 고민했다. 그리고 생각해 낸 것이 전대미문이라고 할 수 있는 '수영장 할인' 행사였다.

행사 내용을 설명하자면, 《수영장》 전시 사진을 모리미술관의 매표소에 보여 주면 모리미술관 입장료가 할인되는 시스템이다. 말로 설명하면 조금 심심하지만, 다른 미술관에서 찍은 작품 사진을 모리미술관에 보여 주면 할인이 되는 것이 핵심이다.

여기서 가장 중요한 부분은 가나자와 21세기 미술관에 있는 《수영장》의 작가가 '레안드로 에를리치'라는 사실을 이 할인 행사로 다시 확인시키는 것이다. 그리고 가나자와의 《수영장》 작가의 개인전임을 널리 알리는 일이 목표였다.

이 행사를 통해 가나자와 21세기 미술관에서 《수영장》을 체험한 사람 또는 《수영장》을 알고 있던 사람이 '그 수영장 작가의 전시회라니 재미있겠네'라고 생각해서 방문한다는 흐름을 만들 수 있었다고 생각한다.

반대로 모리미술관의 전시를 계기로 《수영장》을 체험하러 가나자와에 간 사람도 많았을 것이다.

물론 이 행사를 할 때는 가나자와 21세기 미술관의 허락을 얻었다. 다행히 가나자와 측이 기획 취지를 이해해줘서 원활하게 실시할 수 있었다.

또 행사를 통해 SNS에서 미술관끼리 서로 트윗을 주고받을 수 있었던 것은 멋진 경험이었다. 가나자와 21세기 미술관의 홍보 담당자는 '수영장 할인'을 체험하러 직접 와주기까지 했다. 그리고 이 '수영장 할인' 행사를 가나자와 21세기 미술관의 공식 트위터 계정에 게시했다. 모리미술관은 거기에 댓글을 달고 서로 리트윗 하였다.

조금 딱딱한 이미지가 있는 미술관 SNS 계정들이 이처럼 공통된 작가를 통해 게시물을 주고받는 일은 아주 드물다.

모리미술관의 트위터 계정은 당시 15만 명 이

《레안드로 에를리치전》 성공의 무대 뒤

상의 팔로워가 있었기 때문에, 두 미술관의 리트윗을 통해 몇십만 명의 사람들이 《수영장》에 대한 정보를 접했을 것이다.

이런 아이디어를 곧바로 실행할 수 있는 기동력은 모리미술관만의 강점일지도 모른다. 모리미술관은 모리빌딩이라는 기업이 운영하는 사립 미술관이기에 회사 조직의 조정과 의논을 거쳐 일을 진행하게 되는데, 그 의사결정 속도가 빠르다. '이거 괜찮은데?'라고 생각한 기획은 곧바로 보고해서 척척 진행할 수 있다. '수영장 할인'도 이런 환경이기에 탄생할 수 있었다.

'e스포츠'에서 배운
보이지 않는 상대에 대한 의식

조금 옆으로 새는 이야기인데, 필자는 중학생 때 당시 유행하던 대전 격투 게임에 푹 빠져 있었다. 너무나도 열심히 한 끝에 지역에서 우승하고, 어느새 전국 대회까지 출전한 경험이 있다. 지금 말로 하면 e스포츠다.

대전 격투 게임을 해 본 사람이라면 알겠지만, 어느 정도 이상의 실력을 갖춘 사람끼리 맞붙을 경우는 기술보다도 독특한 리듬, 쉽게 말하면 '타이밍'이 더 중요하다. 그런 상황에서 이기기 위해

〈레안드로 에를리치전〉 성공의 무대 뒤

서는 모니터 너머로 상대방의 심리를 몇 수 앞까지 읽어 낼 필요가 있다.

사실 화면을 통해 얼굴이 보이지 않는 상대방의 심리를 읽어 낸다는 점에서, SNS와 e스포츠 사이에는 상당한 공통점이 있다고 생각한다. 글을 쓰는 법, 트위터에서 트렌드trend 중인 해시태그를 사용하는 타이밍, 사진 여러 장을 올릴 때 사진의 순서 등, 그때그때 사용자들의 심리를 읽어내고 반응을 상상하며 정성껏 게시물을 올린다. 그것이 게임에서 말하는 '연속기(콤보)'와 같은 강렬한 반응을 이끌어 내는 일로 이어진다.

모리미술관의 트위터 계정은 현재 약 17만 명이 팔로우하고 있는데, 방심하면 17만 명을 마치한 덩어리와 같이 보게 될 때가 있다. 상대방을 의식하지 못하는 상태인 것이다. 이 상태에서는 게시물이 그다지 효과가 없는 것 같다. 단상에서 대중을 향해 메가폰으로 이야기하는 느낌으로 게시물을 올리면 아무 메시지도 전달되지 않는 '차가운 계정'이 되고 만다. 기껏 팔로우한 사용자들의 마음도 떠나가게 될 것이다.

컴퓨터와 스마트폰 화면 너머에는 따뜻한 피가 흐르는 사람이 있다. 17만 명이라는 사람들은 하나의 덩어리가 아니다. '일대일 관계'가 17만 개 있다고 생각해야 한다.

"어떻게 하면 팔로워가 늘어날까요?"라는 질문을 많이 받는데, 우선 이 말을 하고 싶다. SNS는 일대일 관계라는 것을 의식하고 화면 너머의 사용자와 친해져야 한다. 쉽게 말하면 가족이나 친구에게 이야기할 때와 똑같은 마음으로 게시물을 작성한다. 그것이 자신의 계정을 사랑받는 계정으로 바꾸는 기본적인 마음가짐이다.

팔로워를 늘리는 새로운 기술이 계속 등장하고 사라지지만, 이 마음가짐은 어느 SNS에나 보편적으로 공통되는 것이라고 생각한다. 왜냐하면 상대방은 모두 사람이기 때문이다.

053

팔로워를 개개인의 사람으로 인식하면 상대방을 존중할 수 있다. SNS 운용에서는 내 편의를 강요하지 않는 유연성과 사용자의 편에 서는 자세가 중요하다.

이러한 마음가짐이 SNS를 통해 상대방에게 전달되었을 때, 계정이 신뢰를 얻고 브랜딩으로 이어지게 된다.

지금까지 〈레안드로 에를리치전〉을 예로 들어서 모리미술관의 SNS 전략 중 아주 일부를 소개했다. 다음 장부터는 더욱 구체적인 운용 기술, 변화의 한가운데 있는 미술관의 최신 트렌드에 대해서 이야기하겠다.

제1장

'촬영 허용'의 파도가
미술을 바꾼다

'문화와 예술은
경제보다 위에 있어야 한다'

이 장을 시작하면서 우선 모리미술관에 대해 조금 이야기하고 싶다.

모리미술관은 도쿄 롯폰기의 '롯폰기 힐스 모리빌딩' 맨 위층에 있는 현대미술관이다. 전시 면적은 1,500제곱미터로 기획전을 연간 2.5회의 빈도로 직접 개최한다. 2003년 10월에 개관하여 2018년에 15주년을 맞았다.

모리미술관은 모리빌딩 주식회사가 운영하는 기업 미술관이다. 도시개발 기업인 모리빌딩은

왜 미술관을 만들었는가? 그런 질문을 받는 경우가 있다.

시작은 모리빌딩의 2대 사장이었던 모리 미노루가 롯폰기 힐스 도시개발사업의 중심에 문화시설을 두기로 구상한 것이었다. 그 구상을 누구나 이해할 수 있는 형태로 시각화하기 위해 모리빌딩 최상층에 현대미술관을 열었다.

모리미술관의 창설자인 모리 미노루는 도시에서 사람, 재화, 자금을 끌어당기는 힘을 '자력'이라고 불렀다. 도쿄 재개발 프로젝트를 생각하면서, 문화가 도쿄에서 빼놓을 수 없는 중요한 요소임을 이해했던 것이다.

모리빌딩의 싱크탱크think tank(여러 영역의 전문가가 연구, 개발하고 그 성과를 제공하는 조직)인 모리 기념재단 도시전략연구소가 매년 발표하는 '세계의 도시 종합 순위'라는 지표에서 2018년에 런던과 뉴욕에 이어 도쿄가 3위였다.

'촬영 허용'의 파도가 미술을 바꾼다

세계의 도시 종합 순위

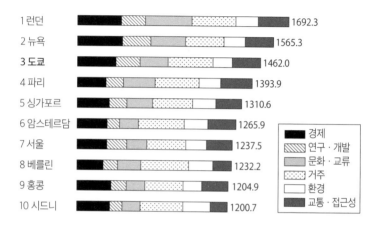

순위	도시	점수
1	런던	1692.3
2	뉴욕	1565.3
3	**도쿄**	1462.0
4	파리	1393.9
5	싱가포르	1310.6
6	암스테르담	1265.9
7	서울	1237.5
8	베를린	1232.2
9	홍콩	1204.9
10	시드니	1200.7

범례: 경제 / 연구 · 개발 / 문화 · 교류 / 거주 / 환경 / 교통 · 접근성

출처: 모리 기념재단 도시전략연구소
〈Global Power City Index 2018〉

'촬영 허용'의 파도가 미술을 바꾼다

이 순위는 매년 발표되며, 경제, 교통·접근성, 환경, 연구·개발, 등 여섯 항목으로 도시 점수를 계산한다. 이 점수의 항목에서도 '문화'가 있으며 도시 역량의 중요한 요소다.

이제는 국가 간 경쟁을 넘어 도시 간 경쟁의 시대라고 한다. 아시아 각국의 도시가 경제 성장과 함께 급속히 잠재력을 높이는 가운데, 도쿄라는 도시의 자력을 어떻게 강화해야 할까? 그 요소로서 '문화'는 아주 중요하다.

그렇게 해서 롯폰기 힐스 모리빌딩의 최상층인 53층에 모리미술관이 완성되었다.

사무용 빌딩에서는 높은 층일수록 임대료가 비싸지는 경향이 있다. 수익성을 생각하면 높은 층은 사무실로 임대할 것을 전제로 삼는다. 그러나 모리 미노루는 재개발의 상징인 모리빌딩의 최상층에 미술관을 만든다는 입장을 고수했다.

문화와 예술의 힘으로 롯폰기라는 거리에서 도쿄 전체의 자력을 강화한다는 것이다. 수익성 문제 때문에 높은 층에 미술관을 짓는 일에 반대하는 의견도 있었다. 그래도 모리 미노루는 '문화와 예술은 경제보다 위에 있어야 한다.'라고 말하며 말 그대로 모리빌딩 꼭대기에 모리미술관을 지었다.

이렇게 롯폰기 힐스는 '문화 도심'이라는 콘셉트 아래 문을 열었다.

모리 미노루는 2012년 세상을 떠났지만 '문화와 예술은 경제보다 위에 있어야 한다.'라는 이념은 현재도 계승되고 있다. 뒤에서도 이야기하겠지만 사실, 이 이념은 SNS 자체에도 적용되는 중요한 키워드다.

문화 전파를 위해 연 1회 '롯폰기 아트 나이트'라는, 거리를 무대로 한 예술 행사를 개최하고 있다(권두 사진 3). 롯폰기 거리에서 현대미술, 디자인, 음악, 영상, 퍼포먼스 등 다양한 작품을 모아 단 하룻밤 동안 여는 축제다.

'촬영 허용'의 파도가 미술을 바꾼다

롯폰기의 미술관뿐만 아니라 거리 전체가 문화 전파의 거점이 되어 매년 수십만 명이 모이고 있다. 참고로 필자는 이 행사의 SNS 운용도 담당하고 있다.

2018년에는 오다이바에 '모리빌딩 디지털 아트 뮤지엄: 엡손 팀랩 보더리스'를 열었다(권두 사진 4). 압도적인 몰입감과 인터랙티브 영상을 체험할 수 있는 전시관이다. 개관 초기부터 화제가 되어, 개관 5개월 만에 100만 명의 입장객을 모은 인기 시설이 되었다.

물론 전시관 내의 작품은 사진과 동영상 모두 촬영이 가능하다. 일반 관람객들 속에 섞여 찾아온 외국 유명인이 전시를 인스타그램에 연속으로 올린 일도 있어, 일본뿐만이 아니라 외국에서도 큰 주목을 받았다.

이처럼 문화 정책으로 도시의 자력을 강화하는 모리빌딩의 사업은 계속 속도를 높이고 있다.

SNS 담당자는
접객의 최전선

　　현재 필자가 일하는 모리미술관은 모리빌딩이
라는 기업의 사업 중 하나다. 필자는 그중 마케팅
그룹 소속인데, 기업이기에 물론 인사이동이 있
다. 필자도 현재와 다른 업무를 몇 가지 경험했
다. 필자는 이제까지 모리빌딩 시설의 고객 대응,
홍보, 기획 일을 각각 몇 년씩 담당했고, 이 경험
이 지금의 SNS 업무에 정말로 도움이 되고 있다.

　　SNS는 인터넷을 매개로 얼굴이 보이지 않는 상

대방과의 커뮤니케이션이다. 하지만 앞에서 말한 대로 화면 너머에는 개개인의 사용자가 있다. 어떤 의미로는 접객업의 최전선에 있다고 할 수도 있다.

그렇기에 그 기업의 현장을 잘 아는 사람이 SNS를 운용하는 것이 좋다고 생각한다. 고객의 마음을 모르면 일방적인 게시물을 올리게 되거나, 최악의 경우 논란을 일으키는 등 생각치 못한 문제가 발생할 가능성도 있다. 고객 대응 기술은 SNS에서도 활용할 수 있다.

만약 기업이나 조직에서 SNS 담당자의 인선 때문에 고민할 경우, 어떤 업종이든 평소 현장에서 고객을 접하는 사람, 또는 그런 경험과 노하우를 갖춘 사람을 SNS 담당자로 선택하면 좋을 수 있다. '디지털에 강해 보이니까' 또는 'SNS를 좋아한다고 했으니까'라는 이유로 담당자를 선택하면 그다음이 큰일이다.

반대로 고객과 접한 경험이 없는 채로 SNS 담

당자가 된 사람이라면, 감각을 기른다는 의미에
서도 가능한 한 현장에 많이 나가려고 노력하는 것
이 좋다고 생각한다. 고객이 무엇을 원하는지, 무
엇 때문에 어려움을 겪는지 피부로 느끼는 감각
을 기르는 것이다.

어떤 게시물을 올리면 좋을지, 무엇을 보여 주
면 고객의 마음을 움직일 수 있을지 자연스럽게
알게 될 것이다.

'촬영 허용'의 파도가 미술을 바꾼다

'촬영 가능'에 계속해서
도전하는 모리미술관

　미술관 내의 카메라 촬영 허용이 관람객의 방문으로 이어졌다고 머리말에서 이야기했다.

　원래 모리미술관에는 "'아트 & 라이프'를 모토로 생활 속의 다양한 상황에서 예술을 즐길 수 있는 풍요로운 사회의 실현"이라는 사명이 있다. 그러한 기반이 있기에 새로운 가치를 창출하고 새로운 시도에 적극적으로 도전하는 일을 장려하는 분위기, 새로운 것을 흡수하는 환경이 만들어진 것이다. 그 점에서 보면 촬영 가능을 실현한 일은 그야말로 모리미술관다운 시도라고 생각한다.

이러한 시도가 있었기에 지금과 같이 관람객과 미술관이 SNS로 연결되는 계기가 생겨나고, 정보 제공의 선순환으로 이어진 것이다.

다만 촬영을 처음 허용한 2009년 당시는 트위터 인터페이스가 일본어로 서비스되기 시작한지 얼마되지 않은 시기였다. SNS라는 말도 지금만큼 많이 사용되지 않았던 것 같다. 물론 인스타그램은 아직 세상에 나오지도 않았다.

애초에 스마트폰의 보급률도 아직 그다지 높지 않았다. 그런 상황에서 촬영 허용에 나선 것은 당시 블로그에서 개인이 정보를 제공하게 된 흐름을 배경으로, 그 바이럴 효과를 노려 마케팅 전략의 하나로 선택했기 때문이기도 하다. 그리고 아직 장벽이 높은 현대미술의 감상에 플러스알파의 부가 가치를 제시하고 싶다는 이유도 있었다. 사용자가 다양한 장소에서 사진과 영상을 찍어 SNS

'촬영 허용'의 파도가 미술을 바꾼다

에 올리는 문화는 그로부터 몇 년 후에 활발해졌으므로, 모리미술관의 촬영 허용은 선구적인 도전이었다고 생각한다.

물론 '촬영이 가능한 미술관'으로 화제가 되는 것도 이 정책을 시행하는 의미와 연결되는 중요한 요인이다.

그러나 촬영이 가능한 전시 공간을 관람객에게 제공하고 싶다는 마음이 미술관 측에 있다 해도 저작권 문제가 앞을 가로막는다. 전시회나 작품에 따라 촬영이 불가능한 경우도 있다.

그래도 SNS가 지금만큼 보급되기 전부터 '촬영이 가능한 미술관'을 실현하기 위해 노력해 온 모리미술관의 자세가 이해를 얻어, 많은 곳으로 확대되고 있는 최근의 상황을 보면 기쁘다. 미국의 미술관에서는 촬영이 허용되고, 아이들이 전시실 내에 누워서 스케치를 즐기는 등, 공공 이용의 범위 내라면 저작권 침해에 해당하지 않는 곳이 많다. 반면 일본은 저작권법에 공공 이용에 관한 규정이 없는 점에서도 알 수 있듯이 공공 이용에 대한 이해가 아직 부족한 듯하다. 모리미술관의 시도가 이 문제에 어디까지 영향을 미칠지는 알 수 없다. 그러나 예술을 생활 속에 보급한다는 사고방식과 저작권에 대해 생각해 볼 기회를 더 많이 제공할 수 있기를 바란다. 최근에는 SNS를 많은 사람들이 활발하게 사용한다. 그래서 예술가들은 SNS의 중요성을 알기에 촬영 허용에 거부감이 없고, 우리의 의도를 이해해 주는 일이 많아졌다.

오히려 모리미술관 공식 계정에 게시물을 더 많이 올려달라는 요청을 받기도 한다. 예술가들과 이렇게 논의하는 것은 현대미술이기에 가능한 일이다.

모리미술관에서는 전시회 출품에 대한 계약을 확인할 때 사진 촬영 가능 여부를 확인하는데, 최근 들어 인스타그램의 '스토리' 기능이 널리 사용되면서 사진뿐만 아니라 영상 촬영에 관해서도 확인하는 경우가 많아졌다.

'촬영 허용'의 파도가 미술을 바꾼다

이처럼 작품 한 점 마다 승낙을 얻기 위해서는 공들여 교섭할 필요가 있다. 〈레안드로 에를리치 전〉과 같은 개인전의 경우는 예술가 한 명의 승낙만 얻으면 모든 작품을 쉽게 촬영할 수 있다. 그러나 여러 예술가가 참여하는 단체전의 경우나 저작권 관리 단체에 소속된 예술가가 있는 경우 등, 발걸음을 맞추기 쉽지 않은 상황도 있다.

모리미술관에서는 관람객들이 가능한 한 자유롭게 촬영을 즐기도록 하는 한편, 상업적인 무단 이용을 막기 위한 규칙을 정해 놓고 있다. 그것이 바로 '크리에이티브 커먼즈CC, creative commons'다.

크리에이티브 커먼즈는 '여기까지는 자유롭게 촬영해도 좋습니다.'라는 의사 표현을 위한 국제적 저작권 규칙이다. 가령 〈카타스트로프와 미술의 힘전〉에서는 다음과 같은 규칙을 정해서 입구에 게시했다.

작품 사진

작가명/작품명: ○○○○《○○○○○○○》
이 사진에는 〈크리에이티브 커먼즈 표시
-비영리- 변경 금지 2.1 일본〉 라이선스가 적용됩니다.

'촬영 허용'의 파도가 미술을 바꾼다

크리에이티브 커먼즈의 틀을 이용하면 상세한 규칙을 만들 수 있다.

작품은 예술가의 창조물이다. 작품을 보호하는 동시에 다 같이 예술을 즐기고, 예술가, 관람객, 미술관이 모두 정보를 제공할 수 있다면 가장 좋을 것이다.

중요한 것은 촬영과 게시를
촉진하는 분위기 조성

　미술관은 원래 촬영 금지, 잡담 금지, 이렇게 생각하는 사람도 많을 것이다. 실제로 그런 미술관이 많다. 그것이 나쁘다는 뜻은 아니다. 오히려 모리미술관이 촬영 가능한 미술관으로 계속 존재하기 위해서라도, 촬영이 가능하다는 사실을 몇 번이고 알릴 필요가 있다고 생각한다.

　모리미술관에서는 다음과 같은 알림을 전시관 내 눈에 띄는 곳에 게시한다.

'촬영 허용'의 파도가 미술을 바꾼다

사진 촬영이 가능하다는 안내를
미술관 내 눈에 띄는 곳에 게시

LET'S POST ON

撮影して、シェア!

촬영해서, 공유!

#선샤워전
#모리미술관
#sunshower tokyo
#moriartmuseum

「サンシャワー展」は写真撮影可能!!
SNSで展覧会の様子をシェアしませんか?

Post your photos on SNS platforms!!

<선샤워전>은
사진 촬영 가능!!
SNS에서 전시회 모습을
공유하시겠어요?

MORI ART MUSEUM

LET'S POST ON

Post your photos on SNS platforms!

撮影して、シェア！

촬영해서, 공유!

#レアンドロエルリッヒ展

#레안드로에를리치전

Leandro_MAM

森美術館　# moriartmuseum

#Leandro_MAM
#모리미술관
#moriartmuseum

'촬영 허용'의 파도가 미술을 바꾼다

74쪽의 디자인은 예전에 쓰던 것이다. 인스타그램, 페이스북, 트위터의 로고를 보여줌으로써 촬영 그리고 SNS에 올리는 일도 허용된다는 사실을 직감적으로 알 수 있도록 했다.

최근에는 75쪽의 디자인을 사용하고 있다. 페이스북과 트위터의 로고를 과감히 빼고 인스타그램 로고의 크기를 키웠다. 매번 이런 실험을 거듭하며 동향을 조사한다. 디자인을 이렇게 변경한 이유는 '인스타그램 = 사진'이라는 이미지가 정착되어서 촬영 허용이라는 메시지가 더 잘 전달된다고 판단했기 때문이다. 또 단순히 인스타그램 로고의 가시성이 높다고 생각했기 때문이기도 하다.

그리고 해시태그의 크기도 키워서 'SNS에 올려주세요.'라는 메시지가 더 잘 전달되도록 했다. 그 대신 '촬영해서 공유!'라는 캐치프레이즈는 작게 줄이고 'SNS에서 전시회 모습을 공유하시겠어요?'라는 설명은 과감히 삭제했다. 예전 디자인을 사용했을 때는 "촬영한 사진을 SNS에 올려도 되나요?"라는 질문을 하는 관람객이 가끔 있었는데, 새로운 디자인으로 바꾸고 나서는 그런 문의가 줄었다.

　SNS 운용을 통해 배운 점 중 하나가, 사람들이 게시물 속의 글을 잘 읽지 않는다는 것이다. SNS 게시물은 눈에 들어오는 한순간의 인상으로 판단되는 경우가 많다. 필자는 이런 안내판도 SNS와 마찬가지로 처음 본 1초 동안의 순간에 승부가 난다고 생각한다.

'촬영 허용'의 파도가 미술을 바꾼다

MORI ART MUSEUM
MORI ARTS CENTER

森美術館・展望台
Mori Art Museum / Tokyo City View Observation Deck

모리미술관 · 전망대

MORI ART MUSEUM Wi-Fi

인터넷 접속

インターネットに接続

ご利用規約に同意なさることで、フリーWi-Fiをご
利用いただけます。

이용 약관에 동의하면 무료 와이파이를
사용하실 수 있습니다.

모리미술관에서는 전시관 내에서
와이파이를 제공한다.

하고 싶은 말이 눈에 확 들어오도록 하고 한순간에 이해할 수 있도록 한다. 그러기 위해서는 어떻게 해야 하는지 몇백 가지 패턴으로 실험을 거듭하고 있다.

또 전시관 내에 무료 와이파이를 설치하고, 그 사실을 정기적으로 관람객에게 알리고 있다. 사실 전시관에서 SNS에 게시물을 올리는 사람은 그다지 없다. 다들 미술관을 나선 후에 게시물을 올리므로, 이 와이파이를 이용해 그 자리에서 SNS에 게시하는 사람은 많지 않을 것이다.

그러나 와이파이를 제공함으로써 SNS에 게시물을 올리기 쉽다는 이미지를 만들 수 있다. 이처럼 다양한 방법으로 미술관의 분위기를 조성하는 일이 중요하다고 생각한다.

'촬영 허용'의 파도가 미술을 바꾼다

팔로워 수보다 중요한
'참여율'

그러면 여기서 SNS 팔로워 수를 살펴보자.

다음의 표를 보면 알 수 있듯이 페이스북과 인스타그램의 팔로워 수를 합치면 모리미술관이 약 40만 848명으로, 합계로 볼 때 일본에서 팔로워 수가 가장 많은 미술관이다.

물론 중복되는 팔로워도 있겠지만, 많은 사람이 팔로우해 준다는 것은 참 고마운 일이다. 팔로워 수는 그 계정의 전달력과 영향력의 지표이기도 한 중요한 수치다.

주요 미술관의 SNS 팔로워 수
(2019년 5월 10일 기준)

	인스타그램	트위터	페이스북	합계
모리미술관	12만 26	17만 3,854	12만 782	41만 4,662
도쿄도 미술관	-	16만 2,745	2만 2,261	18만 5,006
국립 서양미술관	-	1만 573	2만 8,184	3만 8,757
국립 신미술관	4만 3,250	25만 690	3만 2,830	32만 6,770
가나자와 21세기 미술관	-	3만 6,728	1,895	3만 8,623
요코하마 미술관	-	14만 1,279	8,258	14만 9,537
네즈 미술관	-	3만 1,398	3만 5,846	6만 7,244
산토리 미술관	-	9만 6,868	-	9만 6,868
도쿄도 정원미술관	1만 5,402	11만 4,030	2만 1,775	15만 1,207
우에노 모리미술관	-	2만 573	4,341	2만 4,914

'촬영 허용'의 파도가 미술을 바꾼다

다만 거기에만 정신이 팔려서는 안 된다고 생각한다. 중요한 것은 '좋아요'와 '리트윗' 수로, 소위 '참여율engagement rate'이다.

참여율은 그 게시물에 대한 반응이 얼마나 적극적인지를 나타낸다. 가령 트위터를 예로 들면 '리트윗 수', '좋아요 수', '이미지 클릭 수', '프로필 클릭 수', '링크 클릭 수' 등 그 게시물에 무언가 행동을 취한 횟수를 합산하여 노출 수(그 게시물이 표시된 횟수)로 나눈 수가 '참여율'이다. 즉 전체 조회 수 중에서 그 게시물에 관심을 가진 건수가 얼마나 되는지 나타내는 수치다.

일반적으로 트위터 참여율은 팔로워 수에 좌우되는데, 모리미술관과 같은 규모의 계정이라면 대략 1~2퍼센트다. 3퍼센트를 넘으면 내용이 좋은 활발한 계정으로 간주되는 경우가 많다. 모리미술관의 계정은 성원에 힘입어 게시물에 따라서는 5퍼센트 이상의 성적을 내기도 하는 상당히 활발한 계정이다.

한편 팔로워 수에 반비례해서 참여율이 낮아지는 계정도 있다. 그런 계정은 대부분 정보 수집용으로 팔로우하는 사람이 많은 듯하다.

예를 들어 전시회 계정 중에서는 혼잡한 상황에 대한 정보나 상품 입하 정보 등을 항상 올리는 계정들이 있다.

인기 있는 전시회는 주말이나 전시 기간 후반이 되면 줄을 서게 되고, 타이밍에 따라서는 몇 시간씩 기다리는 일도 드물지 않다.

혼잡을 조금이라도 피하고 싶은 마음은 누구나 마찬가지이기 때문에, 실시간으로 갱신되는 혼잡 상황을 참고하기 위해 그 미술전의 계정을 팔로우한다. 그 경우 미술관의 팬이라기보다는 정보를 얻기 위해 사용자가 모인 계정이 되므로, 아무래도 반응이 약하기 쉽다.

이런 트위터 사용은 참여율의 형태로 겉에 드러나지는 않는다. 다만 사용자의 입장에서는 대

'촬영 허용'의 파도가 미술을 바꾼다

기 시간 등 자신에게 필요한 게시물이 있으므로, 아주 친절한 정보 제공이라는 호감을 느낄 수도 있을 것이다.

참여율이 낮다면 광고로 팔로워를 모았거나 증정 행사 등으로 팔로워를 늘린 계정이다. 원래부터 그 계정의 팬이 아니었던 반짝 팬의 수가 많아져서 결과적으로는 참여율이 낮은 '빈껍데기 계정'이 되고 만다.

그러나 팔로워를 늘리기 위한 광고를 내면서 비로소 공식 계정임을 알게 된 사용자가 열렬한 팬이 되거나, 반짝 팬에서 진짜 팬이 되는 일도 생길 수 있다. 어떤 방법을 취하든 담당자의 수완이 필요한 부분이다.

단순히 팔로워 수가 많다고 좋지는 않다. 중요한 것은 활동적인 팔로워들이 얼마나 많느냐이다. 양과 질의 균형이 중요한 것이다.

그렇다고는 하나 그 반대도 있다. 필자가 함

께 담당하는 롯폰기 힐스 전망대 '도쿄 시티뷰'의 SNS 계정이다. 모리미술관처럼 매일같이 활발히 게시물을 올리지는 않지만, 전망대에서 촬영한 풍경을 올리면 반응이 엄청나게 좋다. 참여율은 모리미술관 계정보다도 높다. 그러나 팔로워는 좀처럼 늘지 않는다. 아름다운 경치 사진은 반응이 좋아서 대량의 '좋아요'와 '리트윗'을 얻어낸다. 그러나 도쿄 시티뷰 계정의 팔로우로 이어지느냐 하면 그렇지는 않다. 정기적으로 수천 건 리트윗되는 소위 화제의 게시물도 가끔 나온다. 그런데 팔로워를 확보하는 일에는 장벽이 있다.

전망대 계정과 미술관 계정은 장르가 완전히 다르다. 그러나 전망대 게시물에 '좋아요'를 누른 사람들을 어떻게 팬으로 확보할지를 생각하다 보면 그 아이디어를 미술관 계정에도 응용할 수 있을지 모른다. 분석하면서 해결해 나가려 한다.

'촬영 허용'의 파도가 미술을 바꾼다

필요한 것은
'재미있는 게시물'이 아니다

이 소제목을 보고 '어째서?'라고 생각하는 독자도 있을지 모른다.

세미나나 강연에서 만난 기업 담당자들에게 여러 질문을 받는데, 이것이 SNS 운용에서 가장 중요한 부분이라고 생각하는 사람이 얼마나 많은지 모른다. 물론 자신이 관리하는 계정을 '영향력 있는 강력한 SNS 계정'으로 만들기 위해서는 매일 올리는 게시물의 내용이 중요하다. 그러나 여기서 실패하는 사람이 많은 듯하다.

한 가지는 재미있는 소재가 없고, 무슨 게시물을 올려야 할지 몰라서 업로드를 멈추고 마는 패턴과 다른 한 가지는 재미있다고 생각해서 게시물을 올렸는데 의외로 반응도 없고 확산되지도 않아서 고민인 패턴이 있다.

여기서 다시 모리미술관의 게시물들을 보자. '재미있는 것'을 올리느냐 하면 특별히 그렇지는 않다. 게시물의 주된 내용은 전시회와 작품의 소개, 행사 정보, 시설 정보 등의 거의 기본적인 내용뿐이다.

재미있는 게시물 소재는 쉽게 찾을 수 있는 것이 아니다. 게다가 '사람들이 재밌어하겠지?'라고 기대하며 게시물을 올리면 사용자들은 대체로 그 의도를 꿰뚫어 보기 때문에, 반응도 없이 조용히 묻혀 버린다. 나중에 다시 보면 '이질적인 게시물'로 타임라인에 남을 위험이 높다. 물론 담당자의 유머 감각이 뛰어나거나 심장이 강철로 된 경우

'촬영 허용'의 파도가 미술을 바꾼다

라면 이야기가 다르지만……

　그보다 필자가 중시하는 것은 '기본 정보를 확실히 전달하는 일'이다. '이런 건 올려 봤자 아무도 신경 안 쓰지 않을까?' 하고 주저되는 사소한 내용도 모두 SNS에 올린다.

　구체적인 예를 들면 매주 금요일 밤에 '주말 나들이는 모리미술관으로'라는 게시물을 올린다. 내용은 전시회의 기본 정보와 트레일러이다. 말 그대로 주말 '나들이' 장소를 생각할 때 참고할 수 있도록 하는 알림 게시물이다.

　전시회의 자세한 내용이나 작가 정보 등은 넣지 않는다. 기본 정보뿐이다.

　또 관람객을 모으기 위한 게시물과는 반대로, 매주 화요일 아침 7시쯤 '화요일은 17시에 문을 닫습니다.'라는 게시물을 올린다. 평소에는 22시까지 문을 열지만 화요일은 시설 관리 등을 위해 17시에 문을 닫기 때문이다(권두 사진 5).

　꾸준히 이렇게 하는 미술관은 많지 않다. 대부

분은 공식 사이트에 운영 시간이 있을 뿐이고, 잘 해 봐야 SNS 프로필란에 운영 시간을 올리는 정도다.

'시시콜콜한 것까지 올리네'라고 느끼는 팔로워도 있을지 모른다. 그래도 17시에 문을 닫는다는 사실을 모르고 방문했다가 실망하는 고객의 얼굴을 떠올리면, 게시물을 올려야 한다는 생각이 든다. 필자는 오랫동안 현장에서 고객들을 직접 응대하여서 이런 발상을 하는 것인지도 모른다. 같은 내용을 몇 번이고 올리는 일은 SNS 담당자로서는 솔직히 멋쩍은 부분도 있다. 계속 똑같은 소리만 하는 성의 없는 게시물이라고 오해받는 것은 싫으므로, 올릴 때마다 조금 갈등하게 되는 건 사실이다.

담당자로서 더 재미있는 게시물을 올리고 싶은 마음이 드는 것은 당연하다.

그런데 고객들에게 과연 그런 게시물이 필요할까? 재미있는 게시물, 눈에 띄는 게시물은 담당자

'촬영 허용'의 파도가 미술을 바꾼다

의 자기만족으로 끝나고 마는 느낌이 든다.

그보다 그 계정이 전달해야 할 내용, 사용자가 원하는 정보가 있을지 모른다.

또 기본 정보를 반복해서 올리는 일은 담당자의 입장에서는 면목 없는 마음도 들지만, '타임라인은 흘러가는 것'이라고 인식하고 있으면 그 게시물을 처음 보는 사용자들도 많다는 판단이 가능하다.

그 외에도 여러 기업의 SNS 계정을 보면 '게시물이 입소문을 타게 하고 싶다.', '멋진 메이킹 영상을 올리고 싶다.', 'SNS로 판촉을 하고 싶다.'와 같은 담당자들의 의도가 엿보이는 경우가 많다. 하지만 분명 화면 너머의 고객은 그런 게시물을 그다지 원하지 않을 것이다.

타임랩스 영상(빠른 움직임으로 보이도록 저속 촬영한 영상)도 올리는 사람의 자기만족인 경우가 많다. 모리미술관에서도 타임랩스 영상을 올려

본 적이 있는데, 아쉽게도 생각만큼의 반응은 얻을 수 없었다. 이 실패의 경우는 인지도를 높이기 위해 타임랩스 영상을 공개한 것이 패인이었다고 분석된다. 어떤 과정을 타임랩스 영상으로 촬영해 올릴 때는, 원래 인지도가 있는 대상일 때 효과가 있다고 생각한다.

예를 들면 유명한 건축물이 완성되는 모습, 누구나 아는 캐릭터를 여객기에 그려서 완성하는 모습이 있을 것이다. 그 대상 자체를 알고 있으면 중간 과정을 즐길 수 있다.

반대로 아직 인지도가 낮은 경우라면, 처음부터 끝까지 아무도 모르는 무언가가 빠르게 움직일 뿐이다. 이래서야 '뭐가 될지 모르는 걸 보고 있어 봤자 재미없고, 끝까지 봐도 잘 모르겠어……'라고 느끼는 것도 당연하다.

결과를 알기 때문에 그 내막이 궁금해지는 것이고, 중간 과정도 즐길 수 있는 것이다. 아직 알려지지 않은 대상으로 타임랩스 영상을 만들면

'촬영 허용'의 파도가 미술을 바꾼다

'완성되는 과정이 재미있다.'라고 느끼는 사람은 관계자들뿐이고, 사용자는 잘 이해하지 못하거나 관심을 가지지 않는다.

그러면 어떻게 인지도를 높여야 할까?

화면 너머의 고객을 상상하며, 고객들에게 정말로 필요한 정보를 담담히 올리는 것이다. 그것이면 충분하다. SNS 담당자의 캐릭터를 만들어서 재미있는 게시물을 올릴 필요는 없다고 생각한다.

굳이 말한다면 필요한 것은 '사용자에 대한 배려'다.

SNS를 하는 독자라면 자신의 게시물들을 한번 돌아보자. 쉬운 일 같지만 의외로 그렇게 하지 못하는 계정이 많다.

SNS 게시는
'냇물에 단자쿠를 흘려보내는 일'

SNS, 특히 트위터에 게시물을 올리는 일은 비유하자면 '냇물에 단자쿠(짧은 글을 적는 좁은 직사각형의 나무판 또는 종이)를 흘려보내는 일'이라고 생각한다.

떠내려가는 단자쿠를 건져서 읽는 사람은 그때 우연히 냇가에 있던 사람뿐이다. 많은 단자쿠는 좀처럼 주목을 받지 못하고 그저 떠내려갈 뿐이다. 그렇기에 다양한 타이밍에 '같은 내용의 단자쿠'를 몇 번이고 흘려보낼 필요가 있다고 생각

'촬영 허용'의 파도가 미술을 바꾼다

한다.

필자는 전시회 정보도 서로 다른 날짜에 몇 번이고 게시한다. 대략 주 1회 정도일 것이다. 그렇게 해서 나쁜 반응이 돌아오는 일은 없다. '좋아요'도 달리고 공유도 된다.

이제까지 반복해서 올린 게시물들이 많은데, 특히 '사진 촬영 가능'이라는 알림은 그 자체가 드문 시도이기 때문에 여러 가지로 연구했다. 사람들의 머릿속에는 미술관에서 사진을 찍어서는 안 된다는 선입견이 있어, SNS를 통해 '사진 촬영 가능'이라는 인식을 새로 심어 줘야 한다. 그리고 각인시키듯 몇 번이고 전달했다.

첫머리에 '알고 계셨나요?'라는 시선을 끄는 문구를 넣어 '응? 뭐지?' 하고 생각하게 만들기도 하고, 게시물의 내용을 다시 돌아보기도 한다. 시행착오의 연속으로 이 업무는 매일 수만 명과 직접 밀고 당기기를 하는 일이라고 생각한다.

참고로 모리미술관에는 외국인 관람객도 많으므로, 중요한 알림과 기본 정보는 일본어와 영어, 이렇게 2개 국어로 올린다.

같은 게시물을 반복해서 올리는 일의 예를 하나 더 들자면, 전시회가 끝나갈 때마다 '카운트다운' 게시물을 올린다. '폐막까지 20일', '10일', '9일', '8일', 이처럼 매일 올리는 것이다(권두 사진 6).

이것 또한 현장에서 고객들과 접한 경험에서 나온 발상이다. 전시회 기간이 끝난 후 찾아오는 고객이 의외로 많기 때문이다.

아쉬운 듯 발길을 돌리는 고객의 뒷모습을 바라보고 있으면 아주 마음이 아프다. 그런 고객을 한 명이라도 줄이고 싶다는 생각으로 카운트다운 게시물을 매번 올리고 있다.

또 전시회에서는 대체로 마지막 날이 가장 혼잡하다. 카운트다운을 올림으로써 관람객이 마지막 날에 몰리지 않고 분산되게 하려는 목적도 있

'촬영 허용'의 파도가 미술을 바꾼다

다. 참고로 미술관에 사람이 적은 시기는 전시회 초반과 중반이다. 여유 있게 관람하고 싶다면 가능한 한 전시회 후반을 피해서 일찍 방문하기를 권한다.

기본 정보를 전달할 때는 '우리가 누구인지'를 알리는 일도 중요하다.

예를 들면 그때그때 화제가 되는 일에 대해 게시물을 올리는 기업 트위터 계정들을 볼 때가 있다. 하지만 그것뿐이라면 타임라인을 봐도 어떤 기업인지 잘 전달되지 않고, 어떤 서비스를 제공하는 기업인지 기억에 남지 않는다. 다른 사람에게 그 계정을 추천하고 싶어도 기본적인 정보가 올라오지 않으면 공유하기 어렵다.

사실 모리미술관도 예전에는 전시회 관련 정보를 계속 올리면서도 '애초에 지금 모리미술관에서 열리는 전시회는 무엇인가?'를 제대로 전달하지 못했다. 그러나 어느 시점부터 그 '아주 기본적인 정보'를 올리게 되면서 공유와 리트윗이 늘고 결과적으로 팔로워가 늘었다. 기본 정보는 '우리가 누구인지'를 제대로 전달함으로써 '이 계정은 모리미술관의 계정'이라는 인지도와 브랜딩으로 이어졌다. 이 흐름이 있었기에 계속해서 모리미술관의 팬을 늘릴 수 있는 것이다. 모리미술관의 SNS 계정을 운용할 때 첫 단계는 모리미술관의 이름을 기억시키는 것이었다. 사실 지금까지도 '롯폰기 힐스 미술관', '모리빌딩 미술관'이라고 불릴 때가 있다. 이처럼 SNS 운용에서는 단기적이고 단발적인 알림과 고객 확보와 함께 장기적인 브랜딩도 병행해서 생각하는 것이 중요하다.

'촬영 허용'의 파도가 미술을 바꾼다

SNS를 웹사이트의 유도 수단으로
사용해서는 안 된다

트위터나 페이스북의 커버 사진도 예전에는 전시회 때마다 바꿨다. 〈앤디 워홀전〉 기간에는 〈앤디 워홀전〉 관련 이미지로, 〈무라카미 다카시의 오백나한도전〉 기간에는 〈무라카미 다카시의 오백나한도전〉 관련 이미지로 했다.

누구나 아는 작가의 전시회일 경우 그 기간에 팔로워가 많이 생기지만, 전시회가 끝나고 커버 사진이 바뀐 순간 그 팔로워들이 사라질 위험이 있다.

'촬영 허용'의 파도가 미술을 바꾼다

다시 말해 모리미술관이라는 시설의 계정이 아니라 하나의 전시회, 하나의 행사를 위한 계정으로 인식될 우려가 있다.

그래서 SNS 커버 사진은 '모리미술관 입구 사진'으로 고정했다. 모리미술관은 모리빌딩 최상층에 있어서 외관 사진을 촬영하기 어렵다. 그래서 이 입구 사진밖에 없다고 생각했다.

단기적인 영향력을 생각한다면 아마 전시회 관련 이미지를 사용해야 할 것이다. 그러나 일부러 그것을 버리고 장기적인 브랜딩을 선택했다.

외국 미술관에 대해서는 뒤에서 이야기하겠지만, 루브르 미술관, 뉴욕 현대미술관MoMA 등 세계를 대표하는 미술관들의 계정도 아이콘과 커버 사진이 항상 같다. 필자는 거기에서 미술관으로서의 자부심을 느낀다. 독자 여러분은 어떻게 생각하는가?

100

계정 이름도 단순하게 '모리미술관 Mori Art Museum'으로 고정했다. 조직명 뒤에 '@'를 붙여서 '@○○○ 판매 중'과 같은 선전을 넣는 계정들도 있는데, 필자는 권장하지 않는다. 사용자들은 광고와 선전의 성격을 띠는 계정을 싫어하는 경향이 있기 때문이다. 광고 계정이 되지 않는 방법은 뒤에서 자세히 설명하겠다.

또 예전에는 트위터 프로필란의 링크가 공식 사이트였으나 지금은 인스타그램이다. 지금 가장 주력하고 있는 인스타그램을 알리려는 의도도 있지만, 애초에 SNS는 공식 웹사이트로 사람들을 유도하기 위해서만 존재하는 것이 아니라고 생각하기 때문이다.

실제로 웹사이트 링크를 강조하며 유도를 주목적으로 삼는 계정들이 많다. 게시물에서 세부사항을 다 전달할 수 없어서 '자세한 내용은 여기'라며 링크를 제공하는 것은 문제가 없다. 그러나 링크만 있는 게시물은 사용자의 입장에서 보면 기

'촬영 허용'의 파도가 미술을 바꾼다

껏 팔로우한 의미가 없을 수도 있다. SNS 사용자는 그냥 웹사이트에 가면 될 것을 굳이 SNS를 보러 와 준 것이다. 그러므로 SNS에 더 공을 들여도 좋을 것이다.

조금 추상적인 이야기지만 기업과 조직의 계정에서는 담당자의 인격을 겉으로 표현할 수 없으므로, 어떤 의미로는 생활감이 없는 차가운 인상을 주기 쉽다. 그렇기에 공식 계정은 시선을 끌수 있도록 캐치프레이즈를 생각하고 정보를 확실하게 정리해서 제공할 필요가 있을 것이다. 정보는 가능한 한 링크에 의존하지 않고 SNS 내에서 완결시키는 것이 바람직하다고 생각한다. 앞에서도 말한 바와 같이 SNS에 게시물을 올릴 때 중요한 점은 '일대일의 연결'을 의식하며, 상대방에게 이야기하듯 전달하는 것이다.

요즘은 검색 엔진으로 검색하지 않는 시대라고한다. 특히 SNS가 계속 보급되고 있는 지금 그 경향은 점점 강해지고 있다. 예를 들어 '모리미술관에 가 보자'라는 생각이 들 때 많은 사람은 웹사이트를 본다. 전시회의 대략적인 내용, 전시 시간, 요금, 가는 길을 확인할 때 공식 웹사이트는 빼놓을 수 없다. 그러나 '모리미술관에 가 보자'라고 생각하게 된 계기는 아마 공식 웹사이트가 아닐 것이다. SNS 등의 정보에서 모리미술관을 알게 되어 관심이 생겼을 것이다. 이 인지 경로에서 웹사이트는 '수동적'인 위치에 있기 때문에, 우발적인 정보 접촉은 어렵다. 23쪽의 설문 조사 자료에서도 증명 되었듯이 이 전시회가 재미있어 보인다거나, 가보자는 생각을 하게 만들어 실제 행동으로 연결하는 고리는 압도적으로 SNS다. 예전에는 웹사이트가 '주'고 SNS가 '종'이었지만 이제 그 구도가 역전되었음을 이해할 필요가 있다.

'촬영 허용'의 파도가 미술을 바꾼다

가슴에 와닿는 것은
'따뜻함'과 '마음'이 전달되는 게시물

앞에서 광고와 선전의 성격을 띠는 계정은 사용자들이 싫어한다고 말했다. 그러나 기업 계정의 최종 목적은 상품 판매나 고객 확보기 때문에 아무리 해도 게시물에서 광고와 선전의 냄새가 나고 만다.

어떻게 하면 그 냄새를 지울 수 있을까? 쉬운 비결을 하나 소개하겠다.

업로드할 사진을 담당자가 직접 찍는 것이다.

SNS는 공개된 장이므로 기업 계정이라면 당연

히 질 높은 콘텐츠를 보여 줘야 한다고 생각하기 쉽다. 그 때문에 사진 전문가가 촬영한 공식 사진이나 광고용 사진을 사용하게 된다.

그러나 사진의 규격, 구도, 해상도 등의 면에서 질이 높은 공식 사진은 종이 매체나 웹사이트에는 적합하지만, SNS에서는 전달력이 강하지 않다. 사진의 정밀도가 너무 높아서 따뜻함이 없고 차가운 인상을 주기 때문이다. 즉 '광고 느낌'이 나게 된다.

친한 친구에게 '이런 재미있는 곳에 갔다 왔어.' 하고 사진을 보낼 때는 직접 찍은 사진을 보낼 것이다. 어쩌면 비뚤어졌을 수도 있고 조금 흔들렸을 수도 있다. 그래도 찍은 사람의 '따뜻함'과 '마음'이 전해진다.

그것과 똑같다. 담당자가 직접 사진을 찍으면 틀림없이 보는 사람에게 더 '마음이' 전달된다. 친근함이 느껴지기 때문이다. 성의 있게 찍었다면

'촬영 허용'의 파도가 미술을 바꾼다

조금 비뚤어진 사진이라도 애교로 봐주게 된다. 그것 때문에 팔로우를 끊을 사람은 없다.

참고로 모리미술관 공식 웹사이트에 사용하는 사진은 미술관이 아카이브로 기록한 공식 사진에 작가의 이름을 넣은, 전문가가 만든 이미지다. 필자가 스마트폰으로 찍는 것은 SNS에서만 허용되는 전략이다.

한편으로 SNS에서는 많은 경우 친구, 지인, 가족 등 친한 사이의 대화가 중심이 된다. '사적인 공간'인 것이다. 그 속에 기업 계정이 어떻게 스며들 수 있을까? 사용자들의 타임라인을 상상하면 자연스럽게 대답이 나올 것이다.

여기서 한 가지, 광고의 느낌을 없애는 비결을 든다면 '가격 게시하지 않기'라는 방법이 있다. 모리미술관에서도 전시회 관련 상품을 소개하는 경우는 있지만, 가격은 거의 표시하지 않는다. 'ㅇㅇ전의 이 상품이 가게에서 판매되고 있습니다.'라는 사실을 전달할 뿐이다. 가격을 게시하면 곧바로 선전의 느낌이 나기 때문이다.

오세요, 사세요, 라는 화법은 최대한 피하고 있다. 앞에서 소개한 '폐막까지 ○일!'이라는 게시물도 '그러니까 빨리 오세요.'라고는 쓰지 않는다. 쓰고 싶은 마음을 억누르고 담담하게 카운트다운을 할 뿐이다.

사실을 지나치게 많이 담지 않으면서 사람의 체온을 담아 전달한다.

이러한 특성은 미술관의 마케팅 일을 하면서 알게 됐다. 그도 그럴 것이 미술관은 고객 확보나 이익을 우선시하는 노골적인 광고를 올릴 수 없기 때문이다. 문화시설인 미술관의 SNS 계정이기에 더욱 그렇다. 신기하게도 사용자들에게 이러한 마음이 전달된다고 실감할 수 있었다. 그러나 어떤 사업이든 기본은 마찬가지일 것이다. 실제로 이 방침으로 입장객 수 순위에서 상위권을 독점하는 결과를 달성했으니, 크게 틀렸다고 생각

'촬영 허용'의 파도가 미술을 바꾼다

하지는 않는다.

애초에 사진 촬영을 허용한 것도 마케팅 전략인 동시에 '찾아와 준 관람객들이 추억을 가지고 돌아가기를 바란다.' 또는 '장벽이 높다고 인식되기 쉬운 현대미술을 더 가벼운 마음으로 즐겨 주기 바란다.'라는, 관람객들에 대한 서비스이기도 했다.

SNS가 고객 유치를 위한 도구인 것은 분명하다. 그러나 공유를 재촉하는 행사 등이 지나치게 많으면 신뢰와 설득력을 빠르게 잃게 된다. 어디까지나 '관람객에 대한 서비스' 수준에 머무르는 것이 좋은 결과로 이어진다고 생각한다.

SNS는
'1초의 싸움'

아쉽지만 사람들은 SNS에 있는 글은 거의 읽지 않는 것 같다.

아무리 열심히 쓴 글도 타임라인에서는 다른 대량의 정보에 묻혀 버린다. 이 타임라인이라는 구조는 SNS 담당자들의 고민거리다. 작은 스마트폰 화면에 표시될까 말까 한 순간에 곧바로 밀려나서 흘러가 버린다. 기업 계정의 담당자뿐 아니라 일반 사용자도 마찬가지로 이런 고민을 할 것이다.

그러면 사용자의 시선을 끌기 위해서는 어떻게 해야 할까?

우선 사람들은 글을 좀처럼 읽지 않을 것이라고 각오해야 한다. 읽는다고 해도 맨 첫 줄과 사진만 볼 것이라고 생각해야 한다.

맨 첫 줄을 보고, 곧바로 사진으로 시선을 옮기고, 거기서 관심을 가지는 사람만이 나머지 글을 읽는다. 그 판단에는 아마 1초도 걸리지 않을 것이다. SNS는 그야말로 '1초의 싸움'이라고 할 수 있다.

첫 줄에서 관심을 끌기 위해서는 서론 같은 것을 쓸 여유는 없다. 그러므로 그 게시물에서 가장 하고 싶은 말, 중요한 내용을 첫 줄에서 표현하자. 필자는 대체로 첫 줄을, 이것이 어떤 게시물인지 보여주는 '제목'으로 한다(권두 사진 7).

또 '넘기지 말고 손가락을 멈췄으면'이라는 마음으로 이모티콘 등을 넣는 일도 있다. 다만 느낌면에서 생각할 때 이모티콘을 너무 많이 쓰면 어느 부분이 정말로 중요한지 모르게 된다. 또 게시물의 설득력, 그리고 경우에 따라서는 게시물의 신뢰도가 떨어지므로 조금만 사용하는 것이 좋다고 생각한다.

둘째 줄부터가 본문인데, 여기서도 서론은 불필요하다. 필자는 가능한 한 둘째 줄까지만 읽어도 내용을 파악할 수 있도록 글을 쓴다.

가령 행사 공지라면 행사 제목, 일시, 장소를 우선 쓴다. 그 행사에 관심이 있는 사용자는 '뭘까?' 하고 계속 읽을 것이다. 행사 개최의 의도 등부터 쓰기 시작하면 읽지 않고 넘겨 버릴 가능성이 높다.

1초 이하의 시간 동안 어떻게 인지시킬 것인지 그 점을 생각하면서 SNS를 운용하지 않으면 반응을 얻어내기 어렵다.

어부에 비유한다면 준비를 잘해 놓고도 그물 던질 타이밍에 우물쭈물해서 고기를 다 놓쳐 버

111

'촬영 허용'의 파도가 미술을 바꾼다

리는 것과 같다.

이왕 SNS에 게시물을 올릴 것이라면 사람들이 그 게시물을 봐야 의미가 있다. 이러한 사고방식은 아주 중요하며, 미술관의 전시회에도 마찬가지로 적용된다고 말할 수 있다.

전시회도 많은 사람이 봐줄 때 작가와 큐레이터의 메시지가 전파되어 사회에서 논의가 이루어지는 등 다양한 가치가 창출된다. 아무리 좋은 전시를 해도 보는 사람이 없으면 아무 의미 없다.

여기서 국립과학박물관(당시 도쿄박물관)의 초대 관장이자 일본 박물관학의 아버지라고 불리는 다나하시 겐타로(1869~1961)의 저서 《눈에 호소하는 교육기관》 중 한 구절을 소개하려고 한다.

"박물관은 기존과 같이 앉아서 관람객을 기다리는 소극적인 태도를 버리고, 직접 나서서 박물관을 세상에 선전 광고하며, 관람객을 불러 모으고, 다양한 편의를 제공해 박물관으로서 역할을 충분히 다해야 한다. 관람객의 흡수는 박물관의 아주 근본적인 문제다. 사람들이 오지 않으면 교육할 수 없고, 지도할 수 없고, 아무것도 할 수 없다. (중략) 박물관이 온갖 방법으로 광고를 하고 선전을 해서 관람객을 흡수하는 것은 지극히 당연한 일이다."

미술관은 박물관이라는 범주에 들어가므로 이 제안은 모든 미술관에 적용된다.

온갖 방법을 써서 사람들을 불러 모아야 한다는 이 제안은 일본 박물관 탄생의 여명기부터 현대까지 공통 과제로 간주되고 있다.

'촬영 허용'의 파도가 미술을 바꾼다

'말하지 않는 용기'가
핵심을 전달한다

글을 쓸 때 주의할 점으로 '작품에 대해 너무 많이 이야기하지 않기'도 의식하고 있다. 전달하는 내용은 '이런 전시회를 합니다.', '이런 작품이 있습니다.'라는 사실에서 그치고, 가능한 한 사용자의 감성에 맡기는 것이 미술관 SNS가 할 일이라고 생각한다.

한 예로 2018년 모리미술관은 재해와 테러, 전쟁, 경제위기 등 다양한 참사에 대한 예술의 역할과 힘을 묻는 〈카타스트로프와 미술의 힘전〉이라는 의욕적인 전시회를 개최했다.

관람객이 전시장에서 체험할 수 있는 오노 요코의 《색을 더하시오[난민선]Add Color[Refugee Boat]》이라는 작품을 비롯하여 전시 주제에 걸맞은 여러 작품이 있었는데, SNS에서는 어느 한 작품에 초점을 맞춰 해설하는 일을 피했다(권두 사진 8).

전시장의 설명, 웹사이트의 해설 기사는 필요하다. 그러나 SNS에서 자세히 설명하게 되면 각 작품의 중요한 부분이 무게를 잃지 않을까, 일방적인 해설로 보이지 않을까, 필자 나름대로 매우 고민했다.

이처럼 하나의 주제에 맞춰 여러 작가가 출품하는 전시회에서는 하나의 작품에 지나치게 초점을 맞출 수 없기 때문에 균형 감각이 필요하다. 한 작가의 작품, 특히 유명한 작가나 눈에 띄는 작품을 지나치게 내세우면 그 작품에 관심이 없는

'촬영 허용'의 파도가 미술을 바꾼다

사람들이 떠나갈 위험이 있다. 또한 그 작가의 개인전으로 오해할 가능성도 있다.

그리고 〈카타스트로프와 미술의 힘전〉의 인지도도 높일 수 없다. 사실 '눈에 띄는 작품'만 올리면 SNS로서는 효과를 보기 쉬울지 모른다. 다만 그 방법이 전시회 전체의 관점에서 봤을 때 옳은지 생각해야 한다. 그렇다고 모든 정보를 다 담는 것도 요점이 잘 전달되지 않으므로 좋지 않다. 따라서 한 쪽에 치우치지 않고, 객관적으로, 요점만 알려야 한다.

이처럼 전달하고 싶은 내용을 전달하기 위해서는 정보를 단순하게 정리하고, 많은 부분에 대해 의도적으로 '침묵하는' 판단이 필요하다.

다른 비즈니스 분야에도 똑같은 원리가 적용된다고 생각한다. 담당자가 추천하고 싶은 내용을 계속해서 올리면, 사용자에게 요점이 전달되지 않고 그저 흘러가 버리는 경우가 있다.

자신의 생각을 상대방에게 강요하지 않는 일. 의도

적으로 '말하지 않는' 용기를 갖는 일. SNS 담당자가
주의해야 할 중요한 부분이다.

'촬영 허용'의 파도가 미술을 바꾼다

예산이 없어도 효과를 발휘하는
'SNS'라는 마법

예술을 비즈니스화하는 일은 쉽지 않다. 모리미술관의 창설자인 모리 미노루는 문화의 발전과 지속을 위해 '예술은 비즈니스가 되어야 한다.'라고 말하며 문화사업의 지속 가능성을 주장했다.

모리미술관은 롯폰기 힐스의 최상층에서 예술을 어떻게 전파해야 할지, 관람객을 어떻게 늘리고 예술을 접할 기회를 어떻게 제공해야 할지, 이러한 점들을 개관 처음부터 중시하며 운영해 오고 있다.

모리미술관은 독자적인 기획전에 중점을 두는 미술관이기 때문에 각 기획전의 주제에 따라 관람객 수에 차이가 있다. 관람객이 많은 경우도 있고, 물론 그 반대도 있다.

예산은 전시회 단위로 편성되며, 그 예산을 가지고 프로젝트가 진행된다. 미술관의 홍보를 담당하는 필자에게 홍보 예산은 중요한데, 역시 예산 내에서 가능한 일에는 한계가 있다. 그렇기에 마케팅 담당자로서는 중요한 순간에 지혜를 짜낼 필요가 있다.

우선은 결과가 나오기 전에 할 수 있는 일을 100퍼센트 하는데서 시작한다.

그때 SNS는 시작부터 끝까지 도움이 되는 도구이고, 강력한 방법이며, 홍보의 '주무기'이다. 일단 도구 자체에 비용이 들지 않는다. 게다가 지금까지 설명한 바와 같이 직접적인 고객 확보에 영향력이 있다. 할지 말지의 문제가 아니다. 하지 않으면 결과적으로 최선을 다한 것이 아니게 된다.

119

미술관의 홍보가 노리는 목표는 어디까지나 '관람객의 방문'이다. 사람들이 SNS를 보고 얼마나 많이 방문했는지가 중요하다. 재미있는 게시물이 인터넷에서 널리 퍼지거나, 담당자의 캐릭터가 인기를 얻는 것은 중간 평가에 불과하다.

SNS를 계기로 사람들이 미술관이라는 실제 공간을 찾도록 하기 위해서는 어떻게 해야 할까? 그것만을 생각하며 SNS를 운용하고 있다.

SNS는 연구와 분석을 제대로 하면 할수록 시간이 걸리지만, 정보를 정리해서 올리는 일 뿐이라면 금방 할 수 있다. 이 책으로 운용의 기초를 이해하고, 그 다음으로 SNS에 익숙해지면, 비용 부담 없이 SNS 계정으로 전달하고 싶은 내용을 게시할 수 있을 것이다.

다음 장에서는 외국 미술관의 SNS에 대해 이야기할 것이다. 지금 예술계에서 일어나고 있는 일이 얼마나 혁명적인지 분명 놀라게 될 것이다.

제2장

세계 미술관들의
SNS 최신 동향

'공유'는 미술관의
뿌리이기도 하다

SNS의 보급으로 '공유share'라는 말이 당연하게 사용되고 있다. 최근에는 셰어하우스, 공유 자전거, 카 셰어링 등 사회 구석구석까지 '공유'라는 단어가 퍼져 나가고 있다.

사실은 미술관도 '공유'에 뿌리를 두고 있다는 사실을 알고 있는가?

여기서 잠시 미술관의 역사도 살펴보자.

루브르 미술관의 외관

세계 미술관들의 SNS 최신 동향

세계 최대의 규모를 자랑하는 프랑스 파리의 루브르 미술관은 소장품이 무려 38만 점 이상이며, 연간 800만 명 이상이 찾아오는 세계에서 가장 입장객 수가 많은 미술관 중 하나다.

루브르 미술관은 역대 프랑스 왕들의 왕궁으로 사용되던 루브르 궁전에 있다. 이 사실에서도 알 수 있듯이 원래 미술품은 왕족과 귀족이라는 특권층의 소유물이었다.

루브르 미술관에서 유명한 《모나리자》도 그렇다. 이 작품은 작자인 레오나르도 다빈치 사후에 당시 프랑스 국왕이었던 프랑수아 1세가 사들였다. 그리고 100년이 넘게 궁전에 소장되어 있었다고 한다.

그 《모나리자》가 어떻게 일반 시민에게 공개되었을까? 계기는 1789년 일어난 프랑스 혁명이었다. 이 혁명으로 인해 특권층이 독점하던 미술품이 시민들에게 개방, 즉 '공유'되었다.

세계 미술관들의 SNS 최신 동향

루브르 미술관은 프랑스 혁명 4년 후인 1793년에 개관했다. 루브르 궁전의 수납고가 시민들에게 열린 것이다. 이처럼 미술관의 기원에는 공유 사상이 깊이 관련되어 있다.

　　특권층의 수납고가 시민들에게 공유된 '1차 혁명' 이후 220년이 흘러, 이제 다시 공유 혁명이 일어나고 있다. 미술관이라는 한정된 장소에서만 볼 수 있었던 미술품이 이제는 스마트폰을 비롯한 기기를 통해 더욱 널리 공유되기 시작한 것이다.

　　2017년에는 뉴욕에 있는 메트로폴리탄 미술관 MET이 수십만 점에 이르는 소장품을 '크리에이티브 커먼즈 제로CC0' 라이선스 하에 일반 공개했다. '크리에이티브 커먼즈 제로'란 한마디로 '저작권 없음'이라는 뜻이다. 이 라이선스 하에서 제공되는 작품은 촬영은 물론 인터넷을 통해 다운로

드하거나, SNS에 업로드하는 등 자유롭게 사용할 수 있다.

외국 미술관이 여기까지 온 것에 놀라울 따름이다. 반면 일본은 아직 과제가 산적해 있다고 말할 수밖에 없다.

어쨌든 이 흐름은 아직 시작되었을 뿐이고 앞으로 틀림없이 가속될 것이다. 우리는 그야말로 미술관의 '대변혁' 한가운데 있는 것이다.

글로벌 기업보다 영향력 있는
외국 미술관 SNS

여기서 외국 미술관들의 SNS 현황을 살펴보자. 일본보다 훨씬 발전한 모습에 놀랄 것이다.

다음의 표는 외국 주요 미술관들의 팔로워 수를 나열한 것이다. 모리미술관은 트위터, 페이스북, 인스타그램 팔로워를 모두 합쳐 40만 명이다. 한편 미국의 뉴욕 현대미술관은 트위터만 540만 명, 영국의 테이트 미술관Tate은 490만 명이다.

그야말로 차원이 다르다. 물론 언어의 차이도 관계가 있을 것이다. 전 세계에서 영어를 사용하

주요 미술관의 SNS 팔로워 수
(2019년 5월 10일 기준)

	인스타그램	트위터	페이스북	합계
모리미술관	12만 26	17만 3,854	12만 782	41만 4,662
메트로폴리탄 미술관	313만 4,077	435만 8,501	195만 8,308	945만 886
테이트 미술관	284만 6,037	490만 1,620	119만 1,565	893만 9,222
뉴욕 현대미술관	452만 6,831	540만 2,746	209만 9,353	1,202만 8,930
조르주 퐁피두 국립예술문화센터 (퐁피두 센터)	90만 6,343	106만 5,435	70만 9,450	268만 1,228

세계 미술관들의 SNS 최신 동향

는 인구는 약 17억 5,000만 명이다. 모리미술관도 외국 미술관들을 의식하면서 가능한 한 일본어와 영어로 게시물을 올리고 있다.

팔로워 수의 규모는 뉴욕 현대미술관의 경우 트위터가 540만 명, 페이스북이 209만 명, 인스타그램이 452만 명으로 합계가 가볍게 1,000만 명을 넘는다.

이 숫자가 얼마나 대단한 것일까? 매체의 종류가 달라서 단순하게 비교할 수는 없지만, 세계 최대의 발행 부수를 자랑하는 〈요미우리 신문〉이 약 800만 부임을 생각하면 보통 숫자가 아니라는 사실을 이해할 수 있을 것이다.

이제 미술관의 SNS가 하나의 강력한 매체가 되었다고 해도 좋다.

뉴욕 현대미술관과 메트로폴리탄 미술관의 계정을 누구나 아는 유명한 기업들의 계정과 비교해 보자. 예를 들어 코카콜라의 인스타그램 팔로위는 260만 명, 아마존은 180만 명, 월마트는 179만 명이다.

전 세계에서 상품을 판매하는 글로벌 기업들보다 한 지역에만 존재하는 단 한 곳의 미술관 계정이 더 많은 팔로워를 보유한 것이다.

미술관들의 SNS는 어떻게 상품이나, 서비스의 지명도, 홍보에서 우위에 서 있는 것으로 보이는 글로벌 기업들을 제치고 이렇게 '강한' 모습을 자랑하는 것일까?

그 수수께끼를 풀기 위해 미술관들의 SNS를 살펴본다면 의외라고 느낄 것이다. 특별한 점이 아무것도 없기 때문이다. 모리미술관도 특별한 무언가를 하지 않고 기본 정보를 반복해서 전달하는 것에 주력하는데, 이 미술관들의 계정은 그보다도 더욱 '평범한' 것 같다.

이런 전시회를 하고 있습니다, 이런 작품이 있습니다, 이런 행사를 하고 있습니다……. 계속해서 '사실'을 담담히 올린다. SNS를 운용하는 사람이라면 뉴욕 현대미술관의 트위터를 꼭 한번 확인해 보자. '아, 이걸로 충분하구나!'라는 의외의 발견을 하게 될 것이다.

그렇다면 미술관의 SNS는 어째서 '강한' 것일까? 이 질문으로 돌아가 보자.

요컨대 '문화적인 게시물'은 특히 사용자의 마음을 열기 쉽기 때문이라고 생각한다. 그야말로 '문화와 예술은 경제보다 위에 있어야 한다.'라는 말 그대로다.

앞에서 이야기한 바와 같이 기업의 게시물은 어떻게 해도 광고 느낌이 나기 쉽다. 상품 구입을 유도하려는 의도가 게시물에 훤히 드러나기 때문이다.

자기 자신의 '팔고 싶다.'라는 욕구와 어떻게 싸울 것인가. 사용자의 마음을 사로잡는 열쇠는 여기에 있다.

광고나 판촉이 아닌 게시물에
사람들의 마음은 이끌린다

그러면 일본의 경우는 어떨까? 다음의 표는 일본 내 민간 기업들의 공식 트위터 팔로워 수 순위이다.

모리미술관의 현재 팔로워 수는 17만 2,273명이므로 이 순위에서는 83위에 해당할 것이다. 도큐핸즈, 아디다스, GAP, 아식스 등 전국에서 사업을 하는 유명 기업들보다 위에 있으니, 건투하고 있다고 말해도 좋을 것이다.

'기업 및 제조사' 트위터 팔로워 수 순위

순위	기업명	팔로워 수	순위	기업명	팔로워 수
1	스타벅스 커피	4,590,189	48	Nike Japan	316,420
2	로손	4,029,391	49	교토 수족관 [공식]	301,810
3	세븐일레븐 재팬	3,138,356	50	Louis Vuitton Japan	285,198
4	맥도날드	2,764,615	82	야마다 전기	172,296
5	도쿄 디즈니 리조트 PR [공식]	2,507,949	83	스미다 수족관 [공식]	171,333
11	우에노 동물원 [공식]	984,012	84	나가사키 바이오파크 공식	164,411
12	ANA 여행의 속삭임 [공식]	961,786	85	아사히카와시 아사히야마 동물원 [공식]	164,104
38	도쿄 주 넷 [공식]	393,135	90	도큐핸즈	152,494
39	세가 공식 계정	368,111	91	아쿠아월드 이바라키현 오아라이 수족관	149,578
45	오사카 가이유칸	340,762	116	Gap Japan	106,359
46	신에노지마 수족관	331,616	117	ASICS Japan	104,676
47	킹짐	330,173	118	NewDays	104,170

출처: meyou <트위터 일본 '기업 및 제조사'
팔로워 수 순위>를 바탕으로 작성

필자가 주목하는 것은 11위의 우에노 동물원, 38위의 도쿄 주 넷(도쿄 도립 동물원 및 수족관), 45위의 오사카 가이유칸, 46위의 신에노지마 수족관, 49위의 교토 수족관 등 전시관의 친구인 동물원과 수족관 여러 곳이 순위 내에 있다는 사실이다.

이는 귀여운 동물, 예쁜 물고기 사진이 사용자들에게 인기 있기 때문일 것이다. 앞에서 말한, '문화적 게시물'은 '광고 성격의 게시물'보다 호소력이 있다는 가설을 증명하는 것이 아닐까. 상위 순위는 1위 스타벅스 커피 재팬, 2위 로손, 3위 세븐일레븐 재팬, 4위 맥도날드의 순서다. 전국 규모의 요식업 체인이나 편의점과 같은 '일상 속의 가게'가 팔로워를 모으는 듯하다.

스타벅스 커피

팔로우

 スターバックス コーヒー ✔
@Starbucks_J

フォローする

더욱 깊은 풍미에 캐러멜과도 같은 단맛을 즐길 수 있는 스타벅스®의 크리스마스 블렌드 에스프레소 로스트. 겨울의 시작이 느껴지는 아침에는 따뜻한 커피로 잠기운을 쫓아내 보세요.

より深いコクとカラメルのような甘みが楽しめる、スターバックス® クリスマス ブレンド エスプレッソ ロースト。冬の訪れを感じる朝は、目覚めのコーヒーで温まりませんか。
sbux.jp/2DigCyi

16:49 - 2018年11月15日

스타벅스 계정에서는 사용자의 일상을
조금 더 풍요롭게 만들 '제안'을 한다(@Starbucks_J).

세미나에서 스타벅스의 SNS 담당자를 만날 때가 있는데, '광고 성격을 띠는 게시물은 올리지 않는다.'라는 원칙이 서로 일치한다. 모리미술관과 마찬가지로, 이런 신상품이 나왔습니다, 얼마입니다, 사세요, 같은 게시물은 올리지 않는 것이다.

확실히 스타벅스의 게시물을 보면 '제안'이 많은 것을 알 수 있다. '이 프라푸치노®와 함께 잠시 휴식하는 건 어떤가요?', '좋아하는 음료와 함께 즐거운 시간을 보내는 건 어떤가요?'와 같이 사용자의 일상을 조금 더 풍요롭게 만들 '제안'을 하는 것이다.

결과적으로는 상품 소개가 되지만, 절대 밀어붙이지 않는다. '사세요', '드세요'라고 말하지 않고, 가격도 표시하지 않는다. 기업 계정의 교과서와도 같다.

사진을 찍는 방법도 역시 훌륭하다. 일부러 다른 물건들을 늘어놓은 배경에 슬며시 커피를 놓는다. 많은 계정은 상품이 눈에 띄도록 흰 배경으로 사진을 찍는다. 그러나 그렇게 하면 홍보 느낌이 물씬 나고 만다.

이렇게 사소한 부분까지 신경을 쓰는 덕분에 스타벅스는 일본의 수많은 민간 기업 중에서 가장 많은 팔로워를 모을 수 있었던 것이 아닐까.

필자는 스타벅스와 같은 훌륭한 계정을 보고 배우는 것은 아주 좋은 일이라고 본다. 혹시 자신이 담당하는 SNS를 개선하고 싶다면, 적절한 교재가 될 계정을 찾아내는 것도 담당자의 중요한 일이라고 생각한다.

안이한 SNS 행사는
'겉치레용 계정'을 낳는다

반대로 마치 몰아붙이듯 계속해서 행사 정보를 올리는 계정들도 많이 보인다. 그 계정들은 '얼마 이상 구입하면 기간 한정으로 음료 무료 쿠폰 증정', '팔로우 & 리트윗한 사람 중 추첨으로 사은품 증정' 등과 같은 내용을 올린다. 사람은 이득이 되는 정보에 약한 법이다. 이것은 이것대로 팔로워를 모으는 한 방법일지 모른다.

그러나 필자는 안이하게 따라 하지 않는 쪽이 좋다고 생각한다. 이런 행사로 모은 팔로워는 오로지 행사를 목적으로 그 계정을 팔로우한 것이기 때문이다.

행사가 끝나면 이탈자가 나올 가능성이 높다. 팔로워를 붙잡아두기 위해 계속 행사를 해야만 하는 운명이 기다리고 있다. 행사를 계속함으로써, 원래 그 계정에 관심이 있지 않은 사용자들을 붙잡아 팔로워 수만 많게 유지하는 그야말로 '겉치레용 계정'이 될 수 있다.

행사가 나쁘다는 뜻은 아니다. 계속할 여력과 예산이 있다면 괜찮다. 그러나 모리미술관을 포함해 많은 SNS 담당자들은 인력과 예산이 부족하여 머리를 짜내서 SNS를 운용하고 있다. 그것을 전제로 이야기할 때 추천하지 않는다는 뜻이다.

광고도 마찬가지다. 광고로 팔로워 수를 늘리는 일은 가능하다. 그러나 그렇게 해서 늘어난 팔로워는 그 계정에 대한 충성도가 낮아 금방 이탈하기 쉽다. 이탈을 막기 위해서는 계속 광고를 할 수밖에 없다.

　행사에 의존하는 것이 아니라, 게시물 속의 세계가 좋아서, 이 기업이 좋아서 팔로우하는 사람들이 자연스럽게 모여드는 계정으로 키워내는 것이 SNS 담당자의 역량이 아닐까 싶다.

세계 미술관들의 SNS 최신 동향

계획성 + 임기응변
= 확산

앞에서 동물원과 수족관의 계정에 팔로워가 많이 모여든다고 이야기했다. 동물의 경우 똑같은 기린이나 코끼리를 찍어도 매번 포즈와 표정이 다르다. 아주 좋은 그림이 나오는 데다, 이해하기도 쉽다. 그러나 미술 작품은 기본적으로 모습이 달라지지 않는다.

그러므로 필자는 팔로워들이 싫증 내지 않도록 항상 머리를 짜내고 있다. 작품 사진, 전시회 모습, 토크 이벤트 생중계, 상품 공지 등등 가능한 한 게시물의 내용을 다양하게 유지하기 위해 노력한다.

중요한 것은 그때그때 생각나는 대로 게시물을 올리기만 하지 말고, 되도록 계획을 세우는 일이다. 실제로 〈레안드로 에를리치전〉에서는 약 3개월간의 전시회 기간을 셋으로 나눠서 초반에는 이런 종류의 게시물을 올리고, 중반에는 이렇게 하고, 후반에는 이렇게 마무리한다는 계획을 전시회 시작 전부터 세웠다.

초반에는 전시회에 온 사람이 적고 SNS에 입소문도 없었기 때문에, 우선은 이해하기 쉬운 정보를 소개했다. 중반은 입소문이 나기 시작하는 시기이므로 그것을 본 사용자가 방문하고 싶어지는 정보, 조금 더 깊이 있는 정보를 소개했다. 후반에는 전시회의 인지도가 높아졌다는 전제로 앞에서 언급한 '카운트다운'을 실시하는 등 전시회가 끝날 때까지 방문을 유도했다. 사용자가 원하는 정보를 미리 내다보고 이 시기에는 이 정보, 이 경우에는 이 정보, 이렇게 단계적으로 전달하는 것이다.

물론 계획표에 없던 화제가 생겼을 때는 임기응변으로 대응한다. 예를 들어 2017년 개최한 남인도 출신의 현대 미술가 N. S. 하르샤의 전시회에서는 전체 24미터를 넘는 대작으로 자세히 보면 엄청난 수의 별이 있는 《다시 태어나, 다시 죽다》라는 작품이 전시되었다.

그 전시회 기간 중의 어느 날 'NASA가 지구와 비슷한 행성을 일곱 개 발견했다.'라는 소식이 트위터에서 화제가 되어 '#행성발견'이 트렌드에 올랐다.

그때 곧바로 '드넓은 우주에서 미지의 행성을 찾아보세요.'라는 글을 트렌드에 오른 해시태그와 함께 《다시 태어나, 다시 죽다》의 사진을 올렸다(권두 사진 9).

의도대로 게시물은 확산되었다. SNS에서 화제가 된 트렌드를 작품과 연결함으로써 사람들의 의식

속에 자연스럽게 침투할 수 있었다고 생각한다.

생각지도 못할 때 이런 기회가 생기므로, 항상 안테나를 세우고 정보를 확인하는 일이 중요하다. 인터넷 기사, 신문, TV는 물론, '오늘은 무슨 날?'과 같은 잡학도 알아두면 소재를 더 찾기 쉽다.

현대미술관이기 때문에 게시물 내용과 시사 뉴스를 연결하는 일은 평소에는 거의 하지 않는다. 미술관이 뉴스에 반응해 무언가를 전달할 기회는 없다. 그래도 트위터의 트렌드는 거기에서 파생되는 관련 정보에도 영향을 받기 때문에 항상 확인한다.

세계 미술관들의 SNS 최신 동향

'인스타용 사진'을 의식해서
상품을 만들지 않는다

   미술관의 마케팅 담당이라고 하면 어떤 이미지가 떠오르는가? 실제로는 지금까지 이야기한 바와 같이 성실한 작업의 연속이다. 주연은 어디까지나 예술가와 작품, 그리고 전시회다.

   앞에서 이야기했듯이 기획과 마케팅은 완전히 분리되어 있다. 그러므로 마케팅의 관점에서 '인스타그램에 올리기 좋은' 전시를 하자는 제안을 기획 측에 내놓은 적은 없다. 아마 마케팅적인 발상으로 '인스타용 사진'을 노리고 전시회를 열면 관람객들의 입장에서는 아마 확 깰 것이다.

이를테면 벽에 커다란 날개가 그려져 있고 그 앞에 서면 마치 자신에게 날개가 돋은 듯 보여서, 그런 자신의 사진을 찍어 인스타그램에 올린다. 이런 '인스타용 사진'을 의식한 전시회를 독자 여러분은 모리미술관에서 보고 싶은가?

필자는 '인스타용 사진' 등을 의식하지 않고 제작했는데 결과적으로 의도보다 멋지게 보일 때, 그것이 인스타그램에서 시선을 끈다고 생각한다. 바로 그 우연성이 흥미로운 것이다. 현재의 '인스타용 사진'이라는 말에는 마케팅의 의도가 너무 많이 들어 있다. '인스타용 사진'이라는 말 자체도 솔직히 듣기 좋지는 않다.

61만 명이 찾은 〈레안드로 에를리치전〉도 물론 '인스타용 사진'을 의식한 전시회가 아니다. 결과적으로 인스타그램 게시물이 많았지만, 어디까지나 결과에 지나지 않는다고 생각한다.

147

이 경험을 통해서 말할 수 있는 것은 '인스타용 사진'을 노린 특이한 기획이나 상품 개발, 인테리어보다도 확실한 기본을 전제로 해야 한다는 사실이다. 그 다음은 '다른 시점에서 보면 재미있다.', '우연성이 있다.', '무슨 이유인지 외부인들이 신기하게 생각한다.'와 같은, 사용자들의 관심을 끄는 포인트를 담당자가 눈치챌 수 있어야 한다. 그런 섬세한 부분을 포착하는 일이 중요하다.

화제가 된 메뉴
'블랙홀 튀김덮밥'

다만 예외가 있다. 그것은 <u>홍보 도구</u>다. 홍보 도구는 마케팅의 영역이므로 '인스타용 사진'을 의식해서 제작하는 것도 재미있을 수 있다.

2016년 개최한 〈우주와 예술전〉에서는 미술관 카페와 협력해서 '블랙홀 튀김덮밥'이라는 메뉴를 개발했다(권두 사진 10). 대나무 숯을 첨가해서 요리한 튀김에 메추리알과 금박을 사용하여 우주를 표현했다. 밥도 대나무 숯으로 지었다.

이 메뉴는 미술관 카페 겸 레스토랑의 셰프와

몇 번이고 의논해서 공들여 만들어 낸 한정 메뉴
이다. '우주를 전면에 내세운 굉장한 무언가를 만
들자!'라는 열의가 예상했던 것 이상의 결과를 낳
았다. 참고로 생김새는 강렬하지만, 먹어보면 부
담스럽지 않고 맛있는 튀김덮밥이다.

또한 〈N. S. 하르샤전〉에서는 전시회의 대표
색상이 분홍색이었기 때문에 미술관 카페에서
전시회 특별 메뉴로 준비한 '코코넛밀크와 토마
토 풍미의 치킨 커리'의 밥을 분홍색으로 만들었
다(권두 사진 11). 물론 먹어도 좋은 염료를 사용
했다.

두 메뉴 모두 화제가 되었고, 특히 '블랙홀 튀김
덮밥'은 미술과 무관한 매체에서도 흥미를 보이
며 다뤘다. 화제가 됨으로써 전시회의 인지도가
높아지고, 카페의 손님도 많아지고, 음식을 주문
한 고객이 SNS에도 올려, 모든 관계자에게 득이
됐다.

이 '블랙홀 튀김덮밥' 탄생의 배경에는 '속 빈 배 사발'이라는 그릇이 있었다. 이 그릇은 전시회 공식 굿즈였는데, 이것을 트위터와 페이스북 등 SNS에 올렸더니 뜨거운 반응이 일어나서 트위터에서는 리트윗이 무려 1,200건이었다. '에도 시대의 UFO 전설'을 바탕으로 한 《속 빈 배와 야만인 여자》라는 출품작이 모티프가 됐다.

원래 사발과 비슷하다는 이야기가 있었던 작품이였기에 상품화 했을 때 화제가 되었다.

미술관 계정은 일반 기업이나 개인의 계정과는 다르게 작가의 의향과 전시회의 콘셉트도 고려해야 해서, 작품이나 전시회 자체를 홍보 도구로 삼기는 어렵다. 그래서 전시관 밖에서 가능성을 찾아내는 일이 중요하다. 그렇게 하면 자유가 생겨 화제를 만들어 내기 쉽다.

세계 미술관들의 SNS 최신 동향

아는 대상이기에
진짜를 '체험'하고 싶어진다!

　SNS를 통해 전시회의 내용을 스마트폰으로 쉽게 볼 수 있으면, 사람들은 거기에 만족해서 전시회에 오지 않게 되지 않을까?

　그런 의문을 가지는 사람도 많은 듯하다.

　필자는 스마트폰 화면으로 보는 작품과 실제 미술관에서 보는 작품은 '서로 다른 존재'라고 생각한다. 설령 영상이라고 해도 전시장의 현장감까지 전달하기는 어렵다.

　역시 직접 오는 일, 체험하는 일에 가치가 있

다. SNS에서 전시 작품의 사진을 보고 그것으로 만족하는 경우도 어느 정도는 있을 것이다. 그러나 거기서 관심을 가지는 사람이 더 많을 것이다. 그런 사람들이 미술관으로 발걸음을 옮기도록 계속 호소할 필요가 있다.

게다가 〈레안드로 에를리치전〉의 사진이 SNS에 그만큼 올라왔는데도 61만 명의 관람객이 찾아왔으니, 실적이 증명되었다고 생각한다. 사람들은 SNS에서 사진을 보는 것만으로는 만족하지 않는다. 그뿐 아니라 오히려 진짜를 보고 싶어진다는 것이 필자의 생각이다.

사람은 좋고 나쁨을 떠나서 평가가 확정된 대상을 직접 확인하러 가는 특성이 있다. 그렇기에 모네나 베르메르와 같은 유명한 화가들의 전시회에 몇 시간씩 줄을 서서 기다리는 것이다.

그 특성을 제외하고 생각해도, 정말로 좋은 작품이라면 진짜를 보고 싶어질 것이다.

가령 이집트에 처음으로 여행을 갔을 때, 피라

미드나 스핑크스는 교과서에서 봐서 잘 아니까 보러 가지 않겠다고 말하는 사람은 없을 것이다. 오히려 그 유명한 피라미드를 직접 보고 싶으니까 이집트에 가지 않을까?

그리고 정말로 좋은 무언가라면 '역시 진품은 대단하네.' 또는 '보러 오길 잘했어.'라고 생각할 것이다.

그렇게 생각하면 모리미술관이 전시하는 현대미술의 경우는 아직 평가가 확정되지 않은 작품이나 아직 인지도가 높지 않은 예술가가 많아, 오히려 다른 미술관보다 정보를 많이 소개하고 확산시켜서 인지도를 높여야 한다. 일부러 숨기고 보여 주지 않으면, 사람들은 '잘 모르니까 안 갈래.'라고 생각하고 만다. 정보에 인색해서는 안 된다.

어디까지나 모리미술관으로 사람들을 불러들이는 것이 목적이다. 그러기 위해서도 인지도를 높이는 것이 최우선이다.

미술관에 와 보면 다양한 경험이 동반됨을 이해할 수 있을 것이다. 전시관에서 작품을 보는 것만이 '경험'은 아니다.

미술관에 갈 때의 기대, 표를 사서 입구로 들어갈 때의 탁 트인 느낌, 미술관 특유의 냄새, 감상 후 친구와의 수다, 미술관에서만 살 수 있는 전시회 한정 상품을 고를 때의 고민, 그리고 촬영한 사진을 SNS에 올리는 일. 즐기는 방법은 사람마다 다르지만, 모두가 미술관에서 좋은 경험을 하기를 바란다.

스마트폰의 보급과 촬영 허용의 흐름으로 인해 미술관 경험은 더욱 다양해지고 있다. 다음 장에서는 완전히 새로운 미술관 경험을 제안하는 일본 최초의 시도, '#empty'를 소개하겠다.

제3장

모리미술관의
독특한 SNS 운용 사례

일본 최초의 시도
'#empty'의 가능성

전 세계의 미술관들로 전파되고 있는 '#empty (텅 빈)'라는 시도를 들어본 적이 있는가? 이 시도는 관람 시간 종료 후 관람객이 없는 미술관에 인스타그래머들이 모여 전시 풍경을 자유롭게 촬영하는 행사다.

'#empty'는 2013년 메트로폴리탄 미술관에서 시작되었다. 이후 구겐하임 미술관(미국 뉴욕), 에르미타주 미술관(러시아 상트페테르부르크) 등 세계 여러 곳의 미술관에서 개최되고 있다.

일본에서 '#empty'를 개최한 것은 모리미술관이 처음이다. 2017년 〈N. S. 하르샤전〉에서 인스타그래머 19명이 촬영을 즐겼다.

여기서 중요한 것은 '#empty'의 목적이 비즈니스가 아니라는 사실이다. 그야말로 미술관의 새로운 가능성을 탐색하는 실험이었다. 실험이기에 인스타그래머들이 즐길 수 있도록 하는 것이 주목적이었고, 홍보가 되거나 화제에 오르는 일은 생각하지 않았다.

물론 수고비도 없었다. 작품을 보호하면서 촬영하고 행사 해시태그를 다는 일 외에는 각자 자유에 맡겼다.

어디까지나 '자유롭게 촬영을 즐기세요.'라는 입장을 고수했다. 그렇게 하지 않으면 선전이나 광고의 느낌이 나서 전시회의 입장에서나 인스타그래머들의 입장에서나 서로 좋은 결과가 나오지 않기 때문이다.

가끔 인스타그램에서 '#PR' 태그가 붙은 게시물

모리미술관의 독특한 SNS 운용 사례

을 본 적이 있는가? '의뢰를 받아서 홍보를 위해 게시했습니다.'라는 알림이다. 모리미술관에서 실시한 '#empty'는 인플루언서 마케팅 행사가 아닌 '#PR' 태그도 붙이지 않는 자유로운 행사였다.

기업의 의뢰를 받아 일로서 게시물을 올리는 것과 마음에 들고 좋다고 생각해서 게시물을 올리는 것은 동기부여의 차원이 다르다. 사진의 질도 크게 달라지는 것 같다.

이 행사에서 아이디어 넘치는 멋진 사진들이 많이 탄생했다. 우리로서는 상상도 하지 못한 사진들이 몇 장이고 올라왔다. 인스타그램 해시태그 '#emptymoriartmuseum'에서 볼 수 있으므로 검색해 보기 바란다.

일본 최초의 이 시도는 큰 반향을 일으켜 〈닛케이 신문〉, 〈마이니치 신문〉, 〈허핑턴 포스트〉를 비롯한 총 9가지 매체에 실렸다. 관람객들의 인스타그램 게시물 수도 '#empty' 전에는 하루

약 30건이었는데 그 후에는 하루 50건까지 증가했다.

결과적으로 〈N. S. 하르샤전〉도 화제가 되어 약 30만 명의 관람객을 모았다. 이 숫자는 2017년 미술관 입장객 순위 9위를 기록했다.

물론 이런 행사는 예술가의 이해와 협력이 있어야 실현될 수 있다. N.S. 하르샤는 '#empty'에 대해 다음과 같은 견해를 밝혔다.

"제 작품은 완성되고 나면 더이상 제 것이 아니게 되므로, 그림이 모험을 떠나는 것과 같다고 생각하며 지켜봅니다. 어릴 때 자전거를 타고 전단지를 뿌리는 아저씨의 뒤를 따라가며, 뿌려진 전단지를 주워서는 그 내용을 친구들과 가족에게 이야기해 주던 생각이 납니다. 종이에서 인터넷으로, 정보가 확산되는 형식이 달라졌을 뿐 당시나 지금이나 차이는 없습니다. 그 부분이 아주 흥미롭다고 생각합니다." (〈미술 수첩〉 2017년 4월 26

161

일 〈모리미술관에서 일본 최초의 '#empty' 개최. 미술관의 소셜 전략을 묻다〉에서)

'#empty'를 계기로 모리미술관은 전시관 내 촬영이 허용될 뿐 아니라 SNS 게시도 허용된다는 사실의 인지도가 높아졌다. '열린 미술관'이라는 인식이 더욱 깊어졌다는 보람이 있었다. 앞으로도 계속해서 즐겁게 사진 찍을 수 있는 기회를 만들어 나가고 싶다.

'#empty'는 외국 미술관들에서 시작된 디지털 표현 활동이지만, 그 가능성은 미술관에 국한되지 않는다고 생각한다. 사진을 찍고 싶은 사람들과 의견이 일치하면 어떤 장소에서든 개최할 수 있을 것이다. 실제로 요코하마 F. 마리노스의 본거지인 닛산 스타디움은 야외 음악 페스티벌 '후지 록' 등에서 똑같은 시도를 하고 있다.

자유로운 표현이 가능한 SNS라는 도구가 탄생해, 게시물을 올리면 즐거워지고 볼 때도 즐거운

새로운 커뮤니케이션이 생겨났다. 모리미술관이
실시한 이 행사를 계기로 '#empty'가 일본의 다
른 전시관들로도 퍼져 나갔으면 한다.

최고의
'인플루언서 마케팅'

'촬영 허용'을 통해 가끔 엄청난 게시물을 만날 때가 있다. 외국의 유명 뮤지션, 배우, 모델, 사업가 등 소위 인플루언서들이 개인적으로 전시회 모습을 SNS에 올리는 것이다. 때로 그것은 믿을 수 없는 규모의 확산을 낳는다.

본인들이 개인적으로 찾아왔기 때문에 어느 게시물을 봐도 공식 계정의 게시물보다 몇십 배의 설득력이 있다. 그야말로 최고의 인플루언서 마케팅이 실현되는 것이다.

다른 사람의 힘을 빌린 게시물의 또 다른 형태로, 출품 작가와 함께 SNS 기획에 도전한 적이 있다. 2019년 2월에서 5월에 걸쳐 개최한 전시회 〈롯폰기 크로싱 2019전〉 출품 작가인 하야시 치호에게 일본의 새로운 연호인 '레이와'를 써 달라고 요청했다. 하야시의 작품인 AI 로봇 '안드로이드 사장'이 '레이와'가 쓰여진 액자를 든 사진을 찍어서, 연호가 바뀐 5월 1일 0시 0분에 '#새연호', '#연호바뀜', '#레이와'와 같은 해시태그를 붙여 트위터, 페이스북, 인스타그램에 올렸다(권두 사진 12). 인스타그램에서 하룻밤에 '좋아요'가 3,000건이 되는 등, 작가의 힘, 작품의 힘, 타이밍이 모두 정확히 맞아 전시회 정보가 대량 확산되었다. 공식 계정만으로는 실현될 수 없는 게시물도 예술가와 인플루언서가 참여하면 다양한 화학 반응이 일어난다.

모리미술관의 독특한 SNS 운용 사례

꼭 성사시키고 싶었던
《유성도》 전시

2016년에 개최한 〈우주와 예술전〉에서는 필자도 전시에 조금 참여했다. 그것이 권두 사진 13의 《유성도》이다. 앞에서 설명한 바와 같이 원래는 필자가 전시 내용에 의견을 보태는 일이 없지만, 이것만은 꼭 성사시키고 싶었다.

〈우주와 예술전〉은 《다케토리 이야기 두루마리》, 에도 시대의 천체망원경인 《반사망원경》, 그 유명한 갈릴레이가 쓴 서적의 초판본, 팀랩의 인터랙티브 영상 작품, 톰 삭스Tom Sachs와 같은 현대 예술가의 작품 등 우주를 주제로 아이부터 어른까지 즐길 수 있는 전시회였다.

〈우주와 예술전〉의 기획 회의에 참여했을 때 필자는 곧바로 《유성도》를 떠올렸다. 《유성도》는 철운석으로 만든 일본도로, 막부 말기에서 메이지 시대에 걸쳐 활약한 정치가 에노모토 다케아키의 지시로 만든 매우 희귀한 도검이다. 마케팅 면에서나 전시회의 스토리 면에서나 아주 적절한 작품이라고 확신했다.

왜냐하면 게임 '도검 난무'를 계기로 지금 전무후무한 도검 열풍이 불고 있기 때문이다. 그 때문에 일본 내 미술관에서 도검 전시가 늘어나기도 했다. 그런 상황들을 고려해서 이 전시를 통해 모리미술관에 가장 적합한 도검을 전시할 수 있을 것이라고 생각했다. 이 도검이 있다면 〈우주와 예술전〉으로 화제를 모을 자신이 있었다.

담당 큐레이터에게 《유성도》 전시에 대한 이야기를 꺼내는 동시에 누가 《유성도》를 소유하고

모리미술관의 독특한 SNS 운용 사례

있는지 찾는 일부터 시작했다. 다행히 현존하는 장도(長刀) 한 점이 에노모토 다케아키가 설립한 도쿄 농업대학에 기증되었음을 알아냈다.

기증된《유성도》는 막 유지 보수를 마치고 도쿄 농업대학으로 돌아온 시점이었기 때문에 상태 면에서도 최고의 타이밍이었다.

《유성도》는 소유자인 도쿄 농업대학과 기증자의 협조를 얻어 무사히 전시할 수 있었다.

마케팅 담당자가 찾아온 작품을 전시하는 일은 모리미술관에서는 아주 이례적이었다고 생각한다. 이때는 수많은 우연이 겹쳐 모든 일이 매끄럽게 진행되었다. 마치 도검의 신이 도와준 것 같은 하루하루였다.

《유성도》의 전시만으로도 충분하지만, 나아가 SNS 담당자이기에 가능한 한 화제를 창출하고 싶었다. 그래서 '도검 난무'와 같이 칼을 캐릭터화한다는 아이디어를 냈다.

여기서 우연이 계속되어, 세계적인 인기 게임 '파이널 판타지' 시리즈의 캐릭터 디자인을 맡은 아마노 요시타카에게 《유성도》의 캐릭터를 제작해 달라고 부탁하였고, 그는 수락했다.

이때는 이미 전시회가 시작된 시점이었다. 전시 기간이 한정되어 있기 때문에 여유가 전혀 없었다. 아마노는 바쁜 와중에도 《유성도》를 우선 제작해 줬다. 정말로 고마울 따름이다.

여기서 완성된 것이 권두 사진 14의 디자인이다. 공개할 때 아마노 본인도 찾아와 줘서 많은 매체에 실렸다.

물론 SNS의 반응도 뜨거웠다. 이 게시물은 트위터에서 하룻밤에 150만 건의 노출 수를 획득했다. 이 숫자는 모리미술관 역대 1위로, 아직까지도 깨지지 않은 기록이다.

왜 이 게시물이 이렇게까지 확산되었을까? 요인 중 하나는 모리미술관이 전시 작품을 캐릭터

169

화했다는 의외성과 거기에 관심을 가진 '도검 난무' 및 '파이널 판타지' 팬층이 게시물을 확산해 준 것이다. 그리고 게임 팬과 트위터의 궁합이 좋았다는 점도 들 수 있다. 자신이 좋아하는 게임과 영상 등 취미와 직결되는 화제를 공유하고 싶은 마음이 잘 이해된다.

재미있었던 점은 이 트윗의 노출이 증가한 것이 한밤중이었다는 사실이다. 아무래도 게임을 좋아하는 사람들은 밤에 활동하는 경향이 있는 것 같다. 아침에 트위터를 열었을 때 노출 수가 말도 안 되게 높은 것을 보고 깜짝 놀랐던 기억이 난다.

이런 시도를 통해 〈우주와 예술전〉은 27만 명의 관람객을 모았다. 새로운 도전이었던 기획전이었고, 우주라는 주제를 쉽게 풀어내며, 모리미술관으로서 새로운 팬들을 얻을 수 있었던 전시회였다고 생각한다.

SNS의 '생중계'는
기동성이 생명

　모리미술관에서는 정기적으로 예술가를 초청해서 토크 이벤트와 갤러리 토크 등 전시회와 관련된 행사를 실시한다.

　갤러리 토크에서는 예술가나 큐레이터가 관람객과 함께 전시관 내를 돌아다니며 작품의 중요한 부분을 해설한다. 전시관의 수용 인원이 한정되어 있으므로 실제로 참가할 수 있는 사람 수도 결국 한정되어 있다. 마찬가지로 토크 세션과 워

모리미술관의 똑똑한 SNS 운용 사례

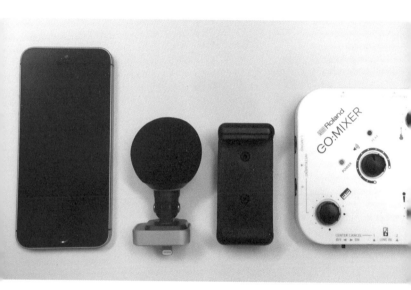

크숍에서도 인원에 제약이 있다. 오고 싶어도 시간이 맞지 않아 단념하는 사람들도 많을 것이다.

그래서 필자는 기회가 있으면 인터넷을 통해 행사를 '생중계'한다. 담당 큐레이터가 전시를 해설하거나 예술가가 자신의 작품에 대해 그 자리에서 이야기하는 흔치 않은 기회인데, 체험하는 사람이 몇십 명에 그치는 것은 아깝다고 생각했기 때문이다.

생중계할 때는 위의 사진과 같은 '촬영 키트'를 사용해서 필자가 직접 촬영과 방송을 동시에 실시한다. 준비하는 장비는 스마트폰, 목소리를 포착하기 위한 인터컴 마이크, 그리고 스마트폰을 고정할 장치, 단지 이것뿐이다.

그것뿐이라고? 하고 놀라는 사람들이 있는데, 이것이면 충분하다. 공식 자료로 남길 기록 영상이라면 본격적인 4K 동영상을 찍을 카메라가 필요할지도 모르지만, 생중계는 기동성이 생명이다. 무슨 일이 있을 때 곧바로 달려가 그 자리에

모리미술관의 똑똑한 SNS 운용 사례

서 방송하기 위해서는 기자재가 단순할수록 좋다. 특히 갤러리 토크는 해설자를 따라다녀야 하고, 다른 관람객들을 방해해서도 안 된다. 그러므로 가벼운 장비는 상당히 중요하다. 애초에 이 경우 시청자는 고화질 영상을 원하는 것이 아니다. 토크를 빠짐없이 전달하는 일이 최우선이다.

인터컴 마이크를 사용하는 것도 기동성을 중시하기 때문이다. 처음에는 스마트폰에 외장 마이크를 부착해서 사용했는데, 갤러리 토크의 경우 움직이면서 말하기 때문에 목소리가 잘 포착되지 않았다. 그래서 해설자에게 인터컴 마이크를 달아서 무선으로 목소리를 포착하게 되었다. 방송할 때는 '페리스코프Periscope'라는 트위터가 개발한 동영상 스트리밍 앱을 사용한다. 이 앱을 사용하면 자신의 트위터 계정에서 생중계할 수 있다. 누군가가 생중계를 리트윗하면 다른 사람들의 타임라인에도 보이기 때문에 확산 효과가 아주 뛰어나다.

생중계 덕분에 몇천 명이나 되는 사람들에게 행사를 보여 줄 수 있게 되었다. 영상은 24시간 후 삭제되도록 설정할 수도 있고, 아카이브로 남길 수도 있다. 남기는 경우에는 나중에도 볼 수 있으므로 누적되면 몇만 명이 보게 된다.

이렇게 많은 사람을 실제로 모으려면 도쿄돔 정도로 큰 장소가 필요할 것이다. 그것을 누구나 가지고 다니는 스마트폰 한 대와 SNS 담당자 한 명만 있으면 실현할 수 있으니 멋진 시대라고 생각한다.

모리미술관의 독특한 SNS 운용 사례

SNS는 리서치에도
사용할 수 있다!

　SNS의 용도는 게시물을 올리는 것만이 아니다. 고객이 지금 무엇을 원하는지 리서치하기 위한 도구로서 사용할 수 있다.

　앞에서 소개한 〈우주와 예술전〉에서는 전시회가 시작되기 전에 매주 서로 다른 작품을 게시했다. 이번 주는 《만다라》, 다음주는 팀랩의 신작, 그 다음주는 《다케토리 이야기 두루마리》, 이런 식으로 순서대로 게시하면서 어느 작품이 어떤 층에 얼마나 인기가 있는지에 대한 자료를 수집

할 수 있었다.

지금까지 전시회는 뚜껑을 열어보지 않으면 알수 없었다. 관람객들에게 전달될지 불안했던 전시가 예상외로 호평을 받은 적도 있고, 사전에 알수 없는 부분이 많았다.

그런데 사전에 SNS로 리서치를 해 봄으로써 관람객들의 반응을 예측할 수 있게 되었다. 반응에따라 광고를 포함한 정보의 전달 방식을 바꿀 수있다.

한 예로 아이보AIBO의 콘셉트 디자인을 맡은것으로 유명한 작가 소라야마 하지메의《섹시 로봇》이라는 작품은 사전에 리서치한 결과 중장년남성의 반응이 크다는 사실을 알 수 있었다(권두사진 15).

그래서 그 연령층에 전시회 정보가 전달되도록페이스북을 중심으로 홍보했다.

전시회 관계자들에게 SNS상의 반응을 피드백함으로써 관계자들을 안심시킬 수도 있다. 그런

모리미술관의 독특한 SNS 운용 사례

일이 전시회의 분위기에도 미묘하게 영향을 미치므로, SNS 담당자가 할 수 있는 일은 많다고 생각한다.

이처럼 리서치를 겸해서 여러 작품을 게시하는 방법은 다양한 작가가 참여하는 기획전, 단체전에서 효과를 발휘한다. 마찬가지로 다양한 메뉴나 상품을 취급하는 가게나 회사라면 꼭 시도해 보기 바란다. 결과적으로 고객 만족도도 높아질 것이다.

다음 장에서는 필자가 SNS 운용에서 실천하는 노하우를 더욱 구체적으로 전달하겠다. 특히 인스타그램은 현재 가장 주력하는 SNS다. 모리미술관이 어떻게 인스타그램을 운영하는지 그 무대 뒤를 보여줌으로써 독자 여러분의 SNS 운용에 힌트가 될 수 있다면 기쁠 것이다.

제4장

'모리미술관식'
인스타 & 트위터 활용법

팔로워 급증의 비결은
'특수한 광고'

필자는 현재 세 가지 SNS(트위터, 페이스북, 인스타그램) 중 인스타그램을 주목하고 있다.

모리미술관이 인스타그램을 시작한 것은 2015년부터이다. 당시 인스타그램을 하던 미술관은 도쿄에서는 야마타네 미술관, 도쿄 바깥에서는 하코네의 폴라 미술관 정도였다고 기억한다.

당시 인스타그램에는 트위터의 리트윗이나 페이스북의 공유에 해당하는 기능이 없었다. 공식 계정 게시물의 이차적 확산에 제한이 있을 것을 알았기 때문에 당시에는 '아직 안 해도 괜찮겠지'라고 부정적으로 생각했다.

다만 외국에서 사용자가 급속히 증가하고 있고 일본 내 대부분의 미술관이 인스타그램을 시작하지 않았다는 점에서 다른 매력을 느끼고 있었다. 모리미술관이 한발 먼저 이 SNS의 시장 점유율을 높이면 좋겠다고 생각했던 것이다.

이윽고 인스타그램을 시작하는 미술관이 서서히 늘어나기 시작했다. 그러나 트위터나 페이스북에 비하면 아직 적은 것이 현실이다. 아마 사진을 주로 올리는 시각적 유형의 SNS인 인스타그램에 전시회와 관련된 사진을 올리게 되면, 미술관 측의 촬영 규칙이나 저작권 등의 문제가 발생하기 때문일 것이다. 도입이 어려운 환경이 배경으로 작용할 것이라고 SNS 담당자 입장에서 나름대로 추측하고 있다.

한편 페이스북은 최근 영향력이 감소하고 있다. 앞으로는 일본에서도 인스타그램이 트위터를 잇는 2인자의 위치를 빼앗지 않을까 싶다.

다음의 그래프는 모리미술관 SNS 팔로워 수의 추이다. 인스타그램이 페이스북을 맹렬히 추격하고 있음이 눈에 보일 것이다. 2019년 5월 10일 현재 인스타그램의 팔로워가 11만 9,900명, 페이스북의 팔로워가 12만 150명이니 그 차이는 250명이다. 이 추세라면 곧 인스타그램이 2위가 될 것이다.

특히 2018년 들어 팔로워 수가 급상승하고 있음을 그래프에서 알 수 있다. 대체 무슨 일이 있었던 것일까? 요인 중 하나로 생각할 수 있는 것은 이 급상승 시기가 〈레안드로 에를리치전〉과 겹친다는 점이다.

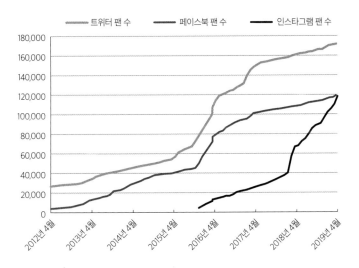

모리미술관의 SNS 팔로워 수 추이

트위터 팬 수 ── 페이스북 팬 수 ── 인스타그램 팬 수

183

관람객이 올린 〈레안드로 에를리치전〉 관련 게시물에는 모리미술관의 위치 태그(촬영 장소의 태그)가 붙어 있는 경우가 많았다. 위치 태그는 모리미술관의 공식 계정 링크도 되기 때문에, 자연스럽게 모리미술관 계정의 인지도가 높아져서 팔로우로 이어진 것 같다.

그리고 또 하나, 광고를 조금 했다. 사실 이 시기에 생각해 낸 특수한 SNS 광고야말로 팔로워 수 급증의 계기가 됐다.

그 '특수한 광고'란 광고의 링크를 공식 인스타그램 계정의 메인 화면으로 연결한 것이다. 일반적인 SNS 광고는 게시물 자체의 확산이 목표다. 또 웹사이트로 유도하는 것도 광고의 주된 경로다. 가령 〈레안드로 에를리치전〉의 공식 사이트는 여기, 이렇게 링크를 걸어서 공식 사이트로 유도하는 것이다.

광고의 링크를 공식 인스타그램 계정의
메인 화면으로 연결하는 '특수한 광고'를 했다.

인스타그램 계정의 메인 화면으로 가는 광고는 일반적인 SNS 광고에 해당하지 않는다. 인스타그램 계정의 메인 화면으로 가게 되면 이것이 어떤 계정인지 일목요연하게 볼 수 있고, 거기에 전시회 사진들이 나열되어 있다. 여기서 관심이 생긴 사람은 '팔로우' 버튼을 누를 것이다. 이 시도는 대성공을 거뒀다. 팔로워 수가 급상승한 것이다. 당시 이 비법을 알고 있던 사람은 얼마 없었다. 팔로워 수를 늘리려는 열의가 있기에 이런 아이디어가 떠오르는 것인지도 모른다. 당시는 인스타그램 팔로워를 늘리는 공식 광고 메뉴가 없었기 때문에 이 방법은 획기적이었다. 그 후 곧바로 공식 광고 메뉴가 생기면서 이 방법을 쓸 필요는 없어졌지만, 상당히 신나는 경험이었다.

'키워드 검색'으로
사용자의 목소리를 듣는다

모리미술관에서는 SNS 분석 도구를 도입했다. 조금 비용이 들지만 트위터, 페이스북, 인스타그램의 운용 상황을 상당히 명확하게 파악할 수 있다.

성비, 지역, 기기 등 다양한 정보를 얻을 수 있는데, 특히 신경을 쓰는 것은 팔로워들의 관심사다. 트위터의 프로필란에 있는 단어들을 자동 수집해서 빈도가 높은 순서대로 표시하는 기능이 있다. 필자는 이것을 자주 본다.

'모리미술관식' 인스타 & 트위터 활용법

트윗을 한 사용자들의
프로필 마이닝을 활용한다.
(출처: Social Insight)

예를 들어 〈카타스트로프와 미술의 힘〉이라는 단어를 포함한 트윗을 한 사람들을 검색해 보면 영화, 음악, 미술 등을 좋아하는 사람이 많음을 한눈에 알 수 있다. SNS에서 유료 광고를 할 때는 여기서 얻은 정보를 기반으로 타기팅 해서 효과가 최대가 되도록 노력한다.

어느 게시물로 팔로워가 얼마나 늘었는지도 중요하다. 트위터의 팔로워는 하루 40~75명의 속도로 늘고 있는데, 가끔 그보다 많이 늘어날 때가 있다. 그럴 때는 그날 게시물의 어디가 좋았는지 분석해서 다음 게시물에 활용한다.

또 인스타그램의 경우는 일반 게시물을 그대로 공유하는 기능이 없어서 '언제 게시하느냐'가 매우 중요하다. 모리미술관의 경우 가장 효과적인 시간은 출퇴근 시간과 밤이다. 구체적으로는 아침 7~8시, 밤 18~19시와 22~23시 정도에 게시물을 올리는 것이다. 그 시간은 가장 많은 사람이 스마

189

트폰을 보는 시간이다.

　지금까지 분석 도구에 대해 이야기했는데, 그
보다 필자가 더 중시하는 것이 있다. 바로 트위터
의 키워드 검색이다. 디지털 마케팅의 세계에서는
소셜 리스닝social listening이라고도 하는데, 계속해
서 사용자의 목소리를 포착하는 수법이다. 필자
는 마케팅에서 있는 그대로의 목소리만큼 중요시
해야 할 대상은 없다고 생각한다.

　검색하는 단어는 '모리미술관' 또는 그때 개최
되는 전시회의 이름이다. 어떤 사람이 무엇을 트
윗하는지 계속 추적한다. 검색하는 키워드와 관
계가 있는 트렌드를 우연히 발견하는 경우도 있
다. 전용 분석 도구가 있으면 더 고도의 수집도
가능하지만, 도구가 없더라도 트위터 검색으로
조사할 수 있다. 누구나 금방 실천할 수 있다는
것이 장점이다.

　수집한 트윗은 긍정적인 의견, 부정적인 의견,

중립적인 의견으로 나누어 사내에서 공유한다. 다만 고맙게도 전시회에 관한 부정적인 의견은 적어서, 방대한 트윗 속에서 찾아내느라 고생할 정도다.

게시물에 따라서는 리트윗하는 경우도 있다. 모리미술관의 팔로워는 약 17만 명이므로, 팔로워들도 분명 무언가를 느낄 것이라고 생각한다. 다만 리트윗만 하면 모리미술관의 게시물을 보고 싶어서 팔로우하는 사람들이 이탈할 우려가 있어서 균형이 중요하다.

리트윗할 수 없는 경우는 감사의 의미를 담아 '좋아요'를 누르기도 한다. 화면 너머에는 따뜻한 피가 흐르는 사람이 있다고 앞에서 이야기했다. 멋진 감상, 참고될 의견을 올린 사람들을 직접 만나서 감사 인사를 할 수는 없지만 '좋아요'를 통해서 감사의 마음을 표현한다.

공식 계정이 '좋아요'를 눌러 주면 아마 조금이

'모리미술관식' 인스타 & 트위터 활용법

라도 기쁜 마음이 들지 않을지 감히 생각한다. '모리미술관에 트윗하길 잘했어'라는 생각이 들게 하는 것도 중요한 일이라고 생각한다.

논란을 일으키지 않기 위한
네 가지와 '체크 기능'

　최근 인터넷 뉴스 등에서 '논란'이 화제가 될 때가 있다. SNS의 사소한 실언이 세상을 놀라게 하는 대사건이 될지도 모르는 것이다.

　미술관이라는 문화시설의 성질 때문인지도 모르겠지만, 논란이 일어나는 일은 거의 없다. 다만 브랜드와 평판을 지키기 위해서도 SNS에 게시물을 올릴 때 주의하는 다음과 같은 네 가지의 화제가 있다.

'모리미술관식' 인스타 & 트위터 활용법

① 정치나 사상에 대한 개인적 감상

② 스포츠(특히 시합 결과 등)에 대한 의견

③ 종교

④ 성

이것들은 SNS를 다루는 담당자가 게시물을 올릴 때 항상 주의해야 할 네 가지 화제다.

이 화제들은 논란의 불씨이므로 기본적으로는 언급하지 않는다. 스포츠 등은 '왜 안 되지?'라고 생각하는 사람들도 있을지 모른다. 하지만 스포츠에는 승패가 있고, 이긴 쪽의 안티팬도 상당수 있다.

정치에 관한 화제도 마찬가지다. 특히 현대미술의 경우 정치적인 메시지가 있는 작품을 다루기도 하는데, 그때는 정보 전달에 매우 주의를 기울인다.

의도적으로 논란을 일으키는 계정이라면 다른 문제지만, 의도치 않은 논란을 일으키는 계정들은 화면 너머에 있는 상대방의 마음을 보지 못하는 경향이 있다. '말하고 싶은' 자신의 욕구만으로 게시물을 올리고 마는 것이다. 노출 수를 보고 있으면 사소한 게시물도 모두 읽고 있음을 깨닫게 된다. 화면 너머에 사람이 있다는 사실을 의식하는 것이 중요하다.

예전에 어느 SNS 계정을 관리하는 사람이 조언을 구한 적이 있다. 트윗한 내용에 오류가 있었는데, 운이 나쁘게도 담당자가 부재중인 주말에 많은 사용자에게 지적을 받았다고 한다. 그 지적받은 것을 그대로 둔 것이 논란이 되어, 월요일에 발견했을 때에는 이미 손을 쓸 수 없는 상황이 되어 있었다.

왜 논란이 되고 말았을까? 원인은 두 가지라고 생각한다. 하나는 오류를 곧바로 수정하지 못한 점이다. 틀린 정보에 대한 지적을 받았을 때 곧바로 발견해서 사과하고 정정했다면 논란이 되지

'모리미술관식' 인스타 & 트위터 활용법

않았을 것이다. 그러나 의도하지 않았다고 해도 오류를 그대로 둠으로써, 틀린 트윗을 긍정하는 것처럼 보인 것이다.

상대방이 화가 난 채 의견을 제시하고 있는데 무시하면 그 사람은 점점 더 화를 낼 것이다. 그 자리에서 제대로 정정하고 사과하면 아무 일도 일어나지 않았을지 모른다. 방치가 문제인 것이다. 다른 하나는 담당자의 확인이다. 만약 담당자가 곧바로 이변을 알아차렸다면 논란이 되지 않았을 것이다. 기업의 SNS 담당자는 주말이나 공휴일, 장기 휴가 때 SNS에서 눈을 떼기 쉽다. 그러나 사용자들에게는 주말이든 공휴일이든 상관없다. 휴일에 무슨 일이 일어났을 때 손을 쓸 수 있는 방법을 검토하는 것이 좋다.

확인하는 것은 10초면 충분하다. 담당자가 아주 잠깐이라도 확인하면 리스크는 낮아진다. 자신이 담당하는 계정이 '평상시 상태'인지, 스마트폰으로 잠시 확인하기만 하면 충분하다. 참고로 필자는 모리미술관 계정뿐만이 아니라 트위터의 트렌드를 확인하는 것도 일과다.

많은 팬을 보유한 기업 SNS의 관리자는 팬들에 대응하는 최전선에 서 있으므로, 이런 감각도 어느 정도 갖출 필요가 있다고 생각한다.

특징을 파악해서
용도별로 SNS를 활용

트위터, 페이스북, 인스타그램. SNS를 세 가지나 하면 힘들지 않냐는 질문을 많이 받는다. 사실 힘들다. 개인 계정과는 달라서 기업이나 조직의 공식 계정은 한번 시작하면 쉽게 그만둘 수 없다. 게다가 각각의 특성을 파악해서 용도에 맞게 활용해야 한다.

트위터의 가장 큰 특징은 리트윗 기능이다. 그래서 하나의 게시물이 맹렬한 기세로 확산되는 경우가 있다. 한편 인스타그램에는 트위터와 같은 기능이 없다. 그러나 하나의 게시물에 '좋아요'가 3,000개 정도 달리는 경우가 있다.

인스타그램은 시각적인 SNS이기 때문에 미술관에 적합한 부분도 있을 것이다. 트위터에서는 '좋아요'가 이 정도로 많아지는 일은 일어나지 않는다. 페이스북이 활발했을 때도 '좋아요' 1,000개를 달성하면 대성공이라고 느꼈다. '반응의 농도' 면에서는 인스타그램이 단연 우세하다.

널리 입소문을 내고 싶다면 트위터, 팬들과의 관계를 강화하고 싶다면 인스타그램, 특정한 팬층에 정보를 전달하고 싶을 때는 페이스북. 방사선 형태로 넓게 전달할 것인가, 직선 형태로 깊이 전달할 것인가. 대략 말하면 이런 이미지로 용도가 나뉜다고 할 수 있을 것이다.

연령층을 보면 모리미술관의 트위터 팔로워는 20대와 30대가 절반가량이다. 인스타그램은 20대에서 30대 초반의 여성이 많은 편이라는 이미지다. 페이스북은 20대는 적은 편이고 30대가

'모리미술관식' 인스타 & 트위터 활용법

많으며, 40~60대까지도 사용한다.

그러면 이 세 가지를 잇는 제4의 SNS는 무엇일까? 그 후보로 라인LINE이 있다. 최근 라인에서 쿠폰을 보내는 기업이 증가하고, 거기에 따라 기업 계정을 팔로우하는 사용자도 증가하는 듯하다. 그러나 모리미술관은 2019년 5월 현재 시점에서는 아직 상황을 살피는 중이다. 현재 라인의 사양에서는 팔로워에 상한선이 정해져 있어서, 팬을 일정한 수 이상으로 늘리려고 하면 비용이 발생하는 구조이기 때문이다. 예산을 투입해야 해서 곧바로 진출할 수는 없다. 구조와 효과를 살펴보면서 앞으로도 계속 리서치를 할 것이다.

인스타에서 중시하는
'통일감'과 '현실감'

　모리미술관의 경우 트위터와 페이스북의 게시물에는 공통되는 부분이 많다. 다만 트위터는 더 간결하게, 페이스북은 읽을거리가 더 많게 차이를 둔다.

　그러나 인스타그램의 경우는 완전히 다르다. 앞에서 설명한 바와 같이 트위터는 정보의 확산을 위해, 인스타그램은 팬들과의 관계를 강화하기 위해, 서로 다른 용도로 사용하기 때문이다. 그러므로 트위터에 올린 사진을 인스타그램에 다시 올리는 일은 거의 하지 않는다.

그러나 인스타그램을 처음 시작했을 때는 그 차이를 잘 몰라서 효과적으로 활용하지 못했다.

당시 게시물을 보면 모리미술관 정면의 에스컬레이터를 동영상으로 찍어 보기도 하고, 롯폰기 힐스의 분수를 찍어 보기도 하면서, 무엇을 어떻게 해야 할지 탐색하던 기억이 난다. 매일 시행착오를 겪던 시기였다. 처음 반응을 느낀 것은 일본을 대표하며 세계적으로 활약하는 현대 미술가 무라카미 다카시가 일본에서 14년 만에 연 대규모 전시회 〈무라카미 다카시의 오백나한도전〉 때였다. 팬들도 많이 주목해서, 게시물을 올리자 뜨거운 반응이 돌아왔다. 다만 이때는 인스타그램의 특성을 이해했다기보다 그저 전시회를 열심히 소개했을 뿐이였다. 모리미술관의 SNS가 무라카미 다카시 작품들의 힘을 빌렸던 것 같은 느낌이다.

〈롯폰기 크로싱 2016전〉에서는
출품 작가 20팀의 영상을 각각 하나씩
제작해서 SNS에 올렸다.

'모리미술관식' 인스타 & 트위터 활용법

다음 전시회는 〈롯폰기 크로싱 2016전〉이라는 단체전이었다. 이때 처음으로 인스타그램 팔로워가 조금씩 감소하는 현상이 나타났다.

이때 했던 일은 〈롯폰기 크로싱 2016전〉의 출품 작가 20팀의 영상을 각각 하나씩 제작해서 트위터, 페이스북, 인스타그램에 올리는 것이었다.

각 작가의 인지도를 최대한으로 높일 목적으로 짧은 공지 영상을 만들어 작가와 작품의 매력을 알렸다. 페이스북은 사람들이 영상을 잘 보는 환경이었기 때문에 반응이 좋았지만, 인스타그램의 반응이 그다지 좋지 않았다. 그뿐 아니라 팔로워가 조금씩 줄었다.

왜 이런 일이 일어났을까? 잠시 분석한 결과, 원인은 영상을 게시하는 방법에 있었다. SNS는 현재 영상 등 눈에 띄는 콘텐츠의 전성시대다. 확실히 페이스북에서는 반응이 좋다. 그렇다면 인스타그램에서는 왜 받아들여지지 않을까?

트위터와 페이스북에 익숙했던 탓에 인스타그램에서도 마찬가지로 타임라인을 의식해서 영상을 올렸다. 이것이 문제였다. 가령 트위터와 페이스북에서는 타임라인에 흘러가는 게시물들을 보고, 마음에 들면 '좋아요'나 공유를 누른다. 그러나 인스타그램의 경우 사용자들은 주로 메인 화면으로 계정을 평가하는 경향이 강하다. 즉 모리미술관의 인스타그램 메인 화면이 영상 썸네일(동영상의 일부를 추출한 화면)로 가득 차 있던 것이 원인이었다. 이 일을 통해 인스타그램에서는 '메인 화면의 통일감과 미관'이 매우 중요하다는 사실을 알았다.

권두 사진 16은 현재 모리미술관 인스타그램의 메인 화면이다. 인스타그램에서는 이 메인 화면을 '보기 좋게' 유지하는 일이 중요하다. '보기 좋게'라는 것은 감각적인 영역이기 때문에 설명하기 어렵지만 '통일감'이라고 표현해도 좋을지 모른다. 처음에 스스로 주제를 정하고, 거기에서 벗어나지 않는 게시물들을 올리는 것이다. 색감을 통일하고, 구조를 정리하고, 세로 사진과 가로 사진을 뒤섞지 않는 것이 요령인 것 같기도 하다. 시험삼아 인기 있는 인스타그래머들의 메인 화면을 관찰해 보라. '통일감'이 어떤 뜻인지 분명 알 수 있을 것이다. 다만 모리미술관의 경우는 매년 여러 건의 서로 다른 기획전을 열기도 하고, 또 다양한 제약이 있어 통일감을 유지하기 쉽지 않다.

사진은 거의 수정하지 않고 올린다. '작품을 변경하지 않는다.'는 크리에이티브 커먼즈의 규칙에 따라 있는 그대로 올린다는 입장이다.

사진에 작가 이름을 넣어야 하거나, 작품 전체가 다 찍혀야만 하는 등 엄격한 제약이 있는 작품들도 있다. 그야말로 미술관의 SNS이기에 생기는 어려움, 생각지 못한 장벽이 많다.

메인 화면이 얼마나 중요한지 이쯤에서 이해했

moriartmuseum ✓
Mori Art Museum 森美術館

〈롯폰기 크로싱 2016전〉의 출품 작가인
가타야마 마리가 마지막 날 방문했을 때 촬영한 사진이
단숨에 1,130건의 '좋아요'를 기록했다.

207

을 것이다. 그렇다면 여기에 영상이 섞이면 어떻게 될까? 통일감을 잃고 만다.

사진은 최고의 순간을 포착한 것이다. 그러나 영상의 썸네일은 항상 최고의 순간을 포착하지는 않는다. 사진보다 화질이 나쁜 것도 보기에 좋지 않은 원인 중 하나라고 생각한다.

일단은 모리미술관의 인스타그램에 동영상을 올리는 일을 피해야겠다고 판단해서, 사진 중심의 게시로 전환했다. 그러자 그 직후 한 사진이 강력하게 확산되었다.

위의 사진은 〈롯폰기 크로싱 2016전〉의 출품 작가인 가타야마 마리가 마지막 날 방문했을 때 찍은 것이다. 이 사진이 단숨에 1,130건의 '좋아요'를 기록했다.

시간과 비용을 들여 차례대로 동영상을 올렸지만, SNS를 보는 사용자들과는 큰 괴리가 있었을지도 모른다고 새삼 깨달았다.

〈레안드로 에를리치전〉에서는
레안드로 에를리치 본인이 왔을 때의 사진을 올렸다.

'모리미술관식' 인스타 & 트위터 활용법

인스타그램에서는 이런 현실감 있는 사진이 인기가 있다. 예를 들어 〈레안드로 에를리치전〉에서는 레안드로 에를리치 본인이 모리미술관에 왔을 때 사진을 찍어서 올렸다.

트위터나 페이스북에서는 이런 현실감을 표현하기가 좀처럼 쉽지 않다. 그러나 인스타그램에서는 꾸밈없는 있는 그대로의 사진이야말로 '멋'이 된다. 신기한 도구라고 가슴 깊이 생각한다.

앞으로는
동영상의 시대!

　요즘 '앞으로는 동영상의 시대입니다.', 'GIF 애니메이션을 만들어서 보여 주면 좋습니다.'와 같이 동영상의 활용을 권장하는 목소리가 많이 들린다. 필자 본인에게도 그런 영업이 들어오는 경우가 있고, 세미나에서도 많이 나오는 이야기다. 그러나 필자는 조금 회의적이다. SNS는 '1초의 싸움'이라고 앞에서 말했다. 타임라인에서 사람들의 마음을 순간적으로 사로잡아 노출 수를 늘리기 위해서는, 최고의 순간을 포착한 사진이 이 '싸움'에 더 유리하다고 생각한다. 한편 동영상을 보기 위해서는 1초로는 부족하다. 1초 동안 영상의 내용을 전달하는 것은 아무래도 무리다. 바쁜 현대인들에게 동영상을 볼 시간이 있는지 생각하면 조금 고개를 갸웃하게 된다. 앞으로 SNS를 거쳐서 전달되는 정보의 양은 더욱 증가할 것이다. '1초의 싸움'이 '0.1초의 싸움', 나아가 '0.01초의 싸움'이 되는 시대가 다가오고 있는지도 모른다. 뒤에서도 이야기하겠지만 '스토리' 기능은 이미 그렇게 되고 있다. 그렇다면 더욱 사진의 우선순위가 높아지지 않을까 싶다.

또 동영상을 만들고 준비하는 사람들에게 눈을 돌려 보면 그 이면에는 나름대로 예산과 인력이 필요하다. 스마트폰으로 간단히 찍은 동영상을 기업 SNS에 올리기는 어렵다.

모리미술관의 경우도 〈롯폰기 크로싱 2016전〉에서 만든 동영상 20점은 영상 제작 회사의 디렉

터와 이것저것 논의하며 만든 것이다. 2개 국어 자막을 넣거나 전시 시간 종료 후 전시관에 작가를 초청해 찍는 등, 연출을 연구하며 완성도를 높였다.

덕분에 멋진 영상을 많이 만들 수 있었고, 필자도 영상 제작 현장을 경험할 수 있었다. 모리미술관으로서는 과감한 시도였다고 생각한다. 하지만 앞에서 이야기했듯이 예산이나 인력이 없어도 지혜와 아이디어를 짜내서 승부할 수 있는 것이 SNS의 장점이다. 연출과 연구 면에서 계속해서 진보하는 '영상'을, 모든 기업이 계속해서 올리는 일이 가능할까? 앞으로는 저렴한 비용으로 재빠르게 영상을 만드는 기술도 필요해질지 모른다. 다만 지금으로서는 사진으로 충분한 경우도 많다.

필자는 '틱톡TikTok', '17 라이브17 Live' 등 지금 유행하는 동영상 SNS에 미술관 계정을 만드는 일은 아직 생각하고 있지 않다. 물론 사용자가 틱톡에

213

서 모리미술관을 소개하는 일은 대환영이다. 그러나 틱톡의 주인공은 어디까지나 '나 자신'이다. 트위터나 인스타그램이 '이런 맛있는 케이크를 먹었어요. 그러니까 여러분도 드셔 보세요.'라면 틱톡은 '맛있는 케이크를 먹는 내 모습을 얼마나 예쁘게 찍는가?'를 경쟁한다는 느낌이다.

다시 말해 올리는 사람 쪽에서 게시물이 완결되고, 다른 사람들과 공유한다기보다 경쟁하는 느낌도 든다. '알리고 싶은 정보의 전파'가 공식 계정의 사명이므로, 지금의 흐름에서는 진출하기 어려운 것이 현실이다.

동영상을 올리고 싶다면
'스토리'로

　동영상을 올리고 싶은 경우에는 인스타그램이
나 페이스북의 '스토리' 기능이 편리하고 다루기
쉬우므로 추천한다. 하루 후 사라져 버리는 '스토
리'는 중요한 메인 화면의 통일감과 타임라인의
모습을 걱정할 필요도 없다. 화면 옆쪽을 탭 하기
만 하면 다음 게시물이 곧바로 나오기 때문에 24
시간 한정이라는 특성과도 맞물려 실시간의 느낌
을 표현할 수 있다. 나는 '스토리'를 일반적인 알
림 외에 조금 다른 용도로도 활용하고 있다. 새로

215

운 게시물을 올렸을 때 똑같은 사진을 '스토리'에
도 올리고 'New Post'라고 덧붙인다. 새로운 게시
물을 올렸다는 알림으로 사용하는 것이다.

　인스타그램에서 동영상을 활용하는 일은 난이
도가 상당히 높지만, 페이스북은 동영상과 성격
이 잘 맞아서 동영상 게시가 확산되는 경향이 있
다. 페이스북은 트위터와 달라서 모든 팔로워에
게 게시물이 전달되지 않는 구조다. 특히 기업 쪽
은 상당히 제한을 받고 있어서, 5퍼센트에서 잘해
야 10퍼센트 정도의 팔로워에게 게시물이 전달된
다. 팔로워가 1만 명이라면 겨우 500명에게만 표
시되는 것이다. 요즘은 그보다 더 제한되고 있는
느낌이 든다. 이것은 기업 SNS 담당자들의 공통
고민이다.

　페이스북의 게시물은 우선 일부 팔로워들에
게 표시된 후, 그 결과에 따라 확산 규모가 결정

된다. 게시 후 몇 시간 내의 '좋아요'와 공유 수, 댓글 수 등이 자동으로 평가되어, '이 게시물은 내용이 좋다.'라고 판단되면 더 많은 팔로워에게 도달한다.

즉 페이스북의 경우는 '좋아요'와 공유를 통한 참여 수의 획득과 그 반응을 얻는 속도가 중요한 것이다. 다만 여기에 작은 요령이 하나 있다. 동영상을 올리는 경우 페이스북 측의 제한이 사진이나 글로 된 게시물보다 완화되는 듯하다는 것이다. 동영상이 사진이나 글로된 게시물 보다는 처음부터 도달 범위가 넓어서 초반 속도가 빨라 확산될 가능성이 높다. 동영상 게시물을 타임라인에 활발하게 노출 시키고 싶은 페이스북 측의 의도가 있는지도 모르겠는데, 이런 흐름에 적극적으로 편승하는 것이 좋다.

다음은 동영상의 연출에 대해 이야기하겠다. 필자는 페이스북에 동영상을 올릴 때는 사람들이

'모리미술관식' 인스타 & 트위터 활용법

'영상의 첫 5초'를 보도록 유도하려면 어떻게 해야 할지를 주로 생각한다.

다음의 그래프와 같이 페이스북에서는 사람들이 게시된 동영상을 끝까지 봤는지, 몇 초까지 보고 나갔는지 쉽게 분석할 수 있다. 지금까지 많은 영상을 만들어서 게시해 왔는데, 동영상 하나를 끝까지 보는 사람의 비율은 몇 퍼센트에 불과하다. 사실 사용자의 과반수가 첫 5초에서 10초 안에 나간다. 그것은 첫 5초 정도의 시간 동안, 뒷부분까지 계속 볼 것인지, 멈추고 나갈 것인지 판단한다는 뜻이다.

그렇다면 영상을 제작할 때 비결은 단 하나다. 일단 맨 처음부터 쉽게 이해할 수 있도록 하는 것이다. 재생을 시작하는 시점부터 가능한 한 움직임을 주고, 결론부터 보여 주는 것이다.

조금이라도 멈춰 있거나, 움직이더라도 느린 움직임부터 시작하면 사용자는 곧바로 나가 버린다. 모리미술관의 페이스북에는 지난 동영상들이

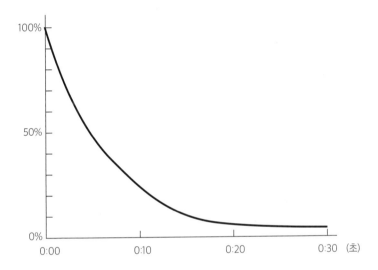

페이스북: 시간에 따른 동영상 시청 유지 그래프

100%

50%

0%

0:00   0:10   0:20   0:30   (초)

219

모두 남아 있으므로 한번 확인해 보기를 바란다.

　이런 사실을 알아차린 것은 〈무라카미 다카시의 오백나한도전〉 때였다. 무라카미가 전시회 예고 영상을 따로 제작해서 제공하였는데 영상의 질이 아주 높고, 처음 몇 초부터 설레는 내용이었다. 모리미술관의 페이스북 계정에 올렸더니 그 전에 본 적 없는 기세로 확산되었다. 페이스북만으로 재생 횟수가 25만을 기록했다. 왜 그 영상이 그 정도로 확산되었을까? 몇 번이고 봤는데, 역시 '첫 5초'에 이유가 있다고 필자는 분석한다. 1초 미만의 단위로 장면이 전환되면서 무라카미 다카시가 작품을 제작하는 장면을 향해 달려간다. 시작부터 화면에 움직임이 있다. 그리고 빠르면서 듣기 좋은 배경음악이 흐른다. 스마트폰을 만지는 손을 멈추고 반응을 이끌어내기 위해서는 영상 시작 부분의 '움직임'이 핵심이라고 필자는 생각한다.

40퍼센트의 부동층을
끌어들이기 위해서는?

　미술관에 온 관람객들의 재방문을 유도하는 일, 그것도 SNS 담당자의 사명이다.

　관람객들을 대상으로 한 설문 조사 중 '모리미술관을 몇 번째로 방문하셨습니까?'라는 질문이 있다. 〈레안드로 에를리치전〉 때는 54퍼센트가 '처음'이라고 응답했다. 어느 전시회든 신규 관람객과 재방문 관람객의 비율은 반반 정도다.

　예전에 어느 맥주 회사의 마케팅 담당자에게 이야기를 들었을 때도 마찬가지였다. 그 회사의

'모리미술관식' 인스타 & 트위터 활용법

맥주를 1년 동안 마시던 사람이 다음 해에도 그 맥주를 마시는지 물어보면, 절반 가까운 사람들이 다른 회사의 맥주로 옮겨간다고 한다. 고객을 붙들어 두는 것은 그만큼 힘든 일이다.

그럼에도 전년보다 많은 매출을 계속 유지하는 것은 이탈한 고객보다 신규 고객을 더 많이 확보하기 때문이다. 모리미술관은 몇 개월마다 새로운 기획전을 하여 팬의 구성은 더 복잡하지만, 결국 맥주 회사의 예와 똑같지 않을까 싶다.

모리미술관의 고객을 네 가지 유형으로 나누면 다음과 같다.

① 어떤 전시회든 매번 반드시 찾아오는 미술 팬 10퍼센트

② 관심이 있는 전시회에 찾아오는 재방문 관람객 20퍼센트

③ 재미있어 보이면 방문하는 층 40퍼센트

④ 관심은 많지 않지만 계기가 있으면 방문하는 층 30퍼센트

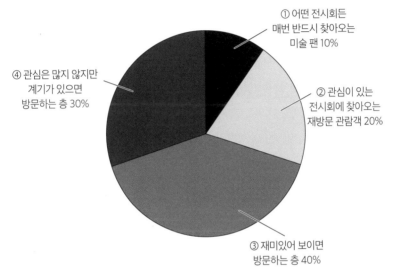

페이스북: 시간에 따른 동영상 시청 유지 그래프

① 어떤 전시회든 매번 반드시 찾아오는 미술 팬 10%

② 관심이 있는 전시회에 찾아오는 재방문 관람객 20%

③ 재미있어 보이면 방문하는 층 40%

④ 관심은 많지 않지만 계기가 있으면 방문하는 층 30%

'모리미술관식' 인스타 & 트위터 활용법

①과 ②는 모리미술관의 정보를 능동적으로 얻으러 오는 사람들이다. 지금 어떤 전시회가 개최되고 있는지, 전시 기간은 언제까지인지, 직접 알아보고 적극적으로 방문한다.

반면 ③과 ④는 수동적인 사람들이다. SNS에서는 특히 ③번 고객들의 방문을 유도하는 것이 중요하다고 생각한다. 이 층이 방문하게 되면 마케팅의 측면에서나 전시회의 측면에서나 성공이다. ③번 고객들이 SNS 타임라인에서 어떤 정보를 볼 때 '가 볼까?' 하고 생각하게 될지 그 점을 상상하며 게시물을 올린다.

SNS의 경우는 게시물 하나로 인해 관람객이 급격히 증가하는 일은 없다. 하루하루의 축적이 시나브로 관람객 수에 반영된다. 기본적인 상승세를 유지해 주는 것이 SNS의 특징이다.

한편 급격히 관람객을 증가시켜 주는 것은 TV다. 요즘 젊은 사람들이 TV를 보지 않게 되었다는 이야기가 많이 나오고 있는데, 그 말대로 시청자 자체는 줄어들고 있는지 모르지만 사람들을 움직이는 힘은 아직 건재하다. 'TV에서 소개했으니까 가 보자.'라고 생각하게 만드는 신기한 힘이 있는 것 같다.

특히 정보 프로그램이나 뉴스에 나오게 되면 방송 다음날부터 관람객이 눈에 띄게 늘어난다. 방송의 타이밍에 따라서 달라지기는 하나, 순간적인 최대 증가치가 상당히 크다. 앞의 ③번을 포함해서 ①, ②, ③번 사람들이 한꺼번에 움직인다. 이것은 우연히 정보를 만날 수 있는 TV의 특징이다.

다만 TV만으로는 이 정도의 반응이 일어나지 않을 것이라고 생각한다. 사전에 스마트폰이나 컴퓨터에서 정보를 얻고 있었던 상태에서 TV가 계기를 만들어 준 것이라고 본다. 그렇지 않다면 TV에서 소개하는 대상은 모두 큰 성공을 거둘 것이다.

SNS에서 인지도를 확실하게 높이면서 TV 등의

'모리미술관식' 인스타 & 트위터 활용법

다른 매체로 다가간다. 이 두 단계를 통해 사람들을 동원할 수 있는 것이라고 생각한다. SNS만으로도 무기가 되지만, 더 유리한 위치에서 싸우기 위해서는 미디어 믹스media mix도 전략으로서 중요하다.

제5장

테크닉보다
훨씬 중요한 것

개인 계정의 '실험'이
일로도 이어진다

여기까지 읽은 독자들은 의외라고 생각할지도 모르지만, 필자는 특별히 새로운 것을 좋아하는 성격은 아니다. 어떤 새로운 기능이 세상에 등장했는지 연구하지 않으면 불안해지는 것뿐이다. 그 탓에 믹시Mixi, 트위터, 페이스북, 구글플러스Google+, 텀블러Tumblr, 링크드인Linkedin, 포스퀘어Foursquare, 인스타그램, 틱톡, 에이트Eight 등 새로운 SNS가 등장할 때마다 사용해 봤다.

어떤 점이 재미있는지, 어떤 특징이 있는지, 해 봐

야만 알수 있다. 선입견 없이 일단 직접 경험해 보면 많은 도움이 된다. 개인 계정이나 기업 계정이나 중요한 점은 똑같다. 사람들이 글은 잘 읽지 않는다는 사실을 명심하기, 화면 너머의 상대방을 살아 있는 인간으로서 바라보기, 자기만족을 위한 게시물을 올리지 않기, 내용이 잘 전달되도록 제목을 붙이기, 보여 주고 싶은 사진은 한두 장으로 압축하기…….

개인 SNS를 할 때와 다르지 않으므로, SNS 담당자가 됐을 때도 무엇을 어떻게 해야 할지 처음부터 직관적으로 알고 있었다.

남들에게는 그다지 말하지 않지만, 지금도 개인 계정에서 여러 가지를 실험하고 있다. 예를 들어 인스타그램의 개인 계정에는 빌딩 등 건축물의 사진만 올리고 있다. 이것이 의외로 반응이 좋아서 현재 3,000명을 넘는 팔로워가 있다.

229

필자 개인 인스타그램의 메인 화면

건축물 사진만 올리는 이유는 단순히 필자가 건축물을 좋아하기 때문이기도 하지만, 앞에서 설명한 바와 같이 메인 화면에 통일감을 주는 실험을 하고 있기 때문이기도 하다. 솔직히 건축물이 아닌 사진을 올리고 싶을 때도 있다.

요즘에는 흑백 → 흑백 → 컬러 → 흑백 → 흑백 → 컬러의 순서로 게시물을 올려보고 있다. 인스타그램의 메인 화면은 한 줄에 사진 세 장이 있으므로, 중앙 사진이 컬러, 좌우 사진이 흑백이라는 구도가 된다. 실제로 보면 금방 알 수 있을 텐데, 이 순서를 지킴으로써 통일감이 더욱 강해졌다. 필자도 다른 많은 사람과 마찬가지로 인스타그램을 처음 시작했을 때는 암중모색이었다. 그러나 건축물 사진을 올리자 반응이 좋았기 때문에 그대로 건축물 전문 계정으로 전환했고, 그렇게 하니 팔로워 수가 두 배가 됐다. 역시 통일감과 깔끔하게 정리된 메인 화면이 중요하다고 확신한다. 다만 필자는 반쯤 취미로 이것저것 실험

231

하고 있을 뿐이다. 개인적인 용도의 계정이라면 여행 사진, 반려동물 사진, 디저트 사진, 패션 사진 등 마음에 드는 사진을 마음대로 올리면 될 것이다. 아무것도 의식하지 않고 자신이 좋아하는 사진을 올리는 일은 중요하다. 당연한 이야기이지만, SNS를 마음 가는 대로 즐길 수 있다는 것은 행복한 일이다. 그러면서 조금이라도 통일감을 연출하고, 무언가에 특화되어 있음을 한눈에 알 수 있도록 표현하면 팬이 조금씩 늘어날 것이다.

SNS 피로증후군일 때야말로
'마음을 비운 일격'의 기회

　관리하는 SNS의 상황과 반응을 분석하고 외국 미술관들의 SNS, 일본 내 기업들의 SNS를 지켜본다. 그리고 SNS에 게시할 내용을 생각한다.

　지금 유행하는 'SNS 피로증후군'이라는 말이 딱 들어맞는 하루하루다.

　필자가 하는 일은 SNS뿐만이 아니다. 다음 전시회, 그다음 전시회의 홍보 전략과 계획도 이것저것 기획한다.

　필자 스스로도 'SNS 피로증후군'이라는 말에 공

테크닉보다 훨씬 중요한 것

감한다. 누구나 많든 적든 SNS에서 비롯된 피로 감을 느낀다. SNS가 대인관계 도구이다 보니 아무래도 신경을 쓰게 된다. 기업 SNS의 담당자 등 일을 위해 SNS를 운용하는 사람이라면 여러 책임도 있으므로 SNS 피로증후군을 더욱 많이 느낄 것이다.

SNS 피로증후군에는 다양한 해결 방법이 있다고 생각한다. 필자 나름대로 터득한 해결 방법은 'SNS 피로증후군을 이용한다.'이다. 게시물의 내용에 대한 아이디어가 고갈되거나, 게시물을 분석하고 자신의 계정에 대한 평판을 검색하면서 많은 정보에 노출되면 아무래도 피곤할 때가 있다. 이처럼 SNS 피로증후군으로 머릿속이 새하얗게 될 때야말로, 필자는 있는 힘껏 아이디어를 짜내 게시물을 올린다. 언뜻 모순되어 보일 수 있으나, 이런 때야말로 '마음을 비운 일격'과 같은 게시물이 탄생하기도 한다. 아무것도 지나치게 깊이 생각하지 않고 머리에서 힘을 뺐을 때, 평소 생각해 내지 못했던 게시물이 나오는 것이다. SNS에서 도망치는 것이 아니라 오히려 그 속으로 더 깊이 들어가 보자. 그러면 지나치게 깊이 생각하지 않고 순수한 게시물을 올릴 수 있다. 이처럼 SNS 피로증후군이 기회가 되는 경우도 있다.

테크닉보다 훨씬 중요한 것

SNS 담당자가
인기를 얻을 필요는 없다

필자가 SNS 담당자가 된 초기에 가장 고민했던 것은 '어떤 노선을 선택할 것인가?'였다.

테크닉은 어느 정도 몸에 익혔기 때문에 팔로 워를 모으거나 '좋아요'를 확보하는 기본적인 운 용은 당장 실시할 수 있다. 그러나 그래서는 다른 계정들과 차이가 없다.

우선 목표는 어디까지나 '미술관 방문'을 유도 하는 일로 좁혔다. 그저 사람들이 게시물을 보는 일, '좋아요'를 누르는 일만으로는 의미가 없다.

모리미술관에 사람들이 찾아오도록 하려면 어떤 노선을 타야 할까? 그 '방침 결정'이 중요하다. 유명한 기업 계정들과 같이 자유롭게 운영하는 방법을 연구한 적도 있다. 당시 미술관 SNS 계정 중에 SNS 담당자가 탁 터놓고 게시물을 올리는 계정은 없었기 때문에, 다른 계정들과 차별화될 것이라고 생각했기 때문이다.

그러나 지금은 그 방침을 취하지 않아서 다행이라고 진심으로 생각한다.

트위터에서 화제가 되는 유명 기업들의 SNS 담당자들이 취하는 방식이 나쁘다는 것은 아니다. 그 담당자들의 발언이 포털 사이트 뉴스에 실리거나 트위터에서 트렌드에 오르는 등 엄청난 영향력이 있는 듯하다. 다만 그 계정의 팔로워들은 기업의 팬이기도 하지만, 굳이 구분한다면 SNS 담당자의 팬이라고 생각한다. 유명인을 팔로우하는 것과 똑같은 느낌이다.

237

물론 기업 계정답지 않은 '사람 냄새 나는 게시물'은 의외성도 있고 재미있다. 팔로워 수와 확산을 생각하면 광고로 환산할 때의 가치도 상당히 높을 것이다.

그러나 SNS의 자세가 그대로 기업의 분위기나 브랜딩에 직결되는 것도 사실이다.

그렇다면 모리미술관이 자유롭게 떠든다고 해서 과연 팬들이 좋아해 줄까, 찾아와 줄까. 그것은 다른 문제라고 생각한다. 미술관이라는 세 글자에서 느껴지는 이미지는 자유롭게 트윗을 하는 이미지와 연결되지 않는다. 모리미술관 SNS의 목표는 사람들의 방문을 유도한다는 단 한 가지다. 그러므로 모리미술관의 명성을 안이한 SNS 운용으로 낮춰서는 안 된다. 나는 부지런히 신뢰를 쌓아서 언젠가 사용자들이 방문하도록 하는 길을 선택했다.

또한 SNS 관계자가 자유롭게 발언하는 기업 계정들에는 한 가지 문제가 있다. 오로지 그 사람의 센스에 의지한다는 점이다. 다시 말해 계정이 그 사람의 것이 된다.

SNS 담당자의 개성은 많든 적든 결국 겉으로 드러난다. 그러나 담당자가 바뀌면 안 될 만큼 계정이 그 사람의 것이 된다면 기업 측에 리스크가 있다.

기업에는 조직 변경이 있고, 인사이동과 이직도 있다. 그럴 때 누가 SNS 계정을 이어받을 것인가? 이어받을 사람이 마땅치 않다고 해서 예전으로 돌아갈 수도 없다.

그렇게 생각하면 누가 맡아도 비슷한 성과가 나는 시스템을 만들고, 계속해서 목표를 향해 나아가는 유형의 기업 계정을 구축하는 일이 중요하다고 생각한다.

그 외에 마스코트 캐릭터를 만든다는 노선도 있다. 실제로 어느 박물관의 트위터에서는 마스코트가 SNS 담당자의 역할을 맡고 있다. 사진에

테크닉보다 훨씬 중요한 것

도 가끔 등장해서 '귀엽다', '힐링이 된다.'라는 말을 많이 듣는다.

그러나 이 방법은 단기간에 계정의 영향력을 높일 수 있는 해결책인지는 모르지만 필자는 추천하지 않는다. 왜냐하면 팔로워들 중 다수가 마스코트의 팬이라고 보기 때문이다. '좋아요'와 공유는 확산으로 이어지는 힘이 되지만, 과연 박물관의 브랜딩으로 이어지고 있을까? 그 팔로워들이 전시회를 방문하고 싶어질지 미지수다. 실제로 참여율을 분석하면 마스코트가 등장하는 사진에 '좋아요'가 집중됨을 알 수 있다. 비교해 보면 전시회 공지 등에는 '좋아요'가 적은 것이 눈에 띈다. 방문으로 직결되는 전시회의 공지에 '좋아요'가 달리지 않는 것은 치명적이다. 이 노선도 안일하게 선택할 수는 없다.

필자는 시간만 나면 이런 생각을 한다. 만약 내가 이 회사의 SNS 담당자라면 어떻게 할까? 어떤 게시물을 올릴까? 그저 남의 흉내만 낼 것이 아니라 나라면 어떻게 할지 생각하는 것이 새로운 아이디어와 만나는 비결이다. 온라인 쇼핑몰의 SNS 계정을 담당한다면 그 쇼핑몰이 어떤 이념으로 서비스를 제공하고 있는지, 고객들을 어떻게 생각하는지, 그런 내용을 많이 올릴 것 같다. 주류 업체라면 그저 상품만 소개하는 것이 아니라 술이 있는 생활을 상상하도록 하는 게시물, 또는 술을 담그는 풍경, 양조 기술자의 말 등을 올려서 그 회사의 술을 마시고 싶어지도록 할 것이다. 즉 상품이나 서비스의 브랜드를 향상하는 일부터 시작하는 것이다. 어떤 노선을 택하든, 기업 계정은 처음부터 설계도를 확실히 만들고 나서 시작해야 한다.

241

테크닉보다 훨씬 중요한 것

목적의 너머에 있는 '뜻'에
팔로워들이 모여든다

설계도를 만들 때 우선 명확히 해야 할 점이 있다. '전달하고 싶은 것'과 '그 너머에 있는 것'이다. 쉽게 말하면 전자는 목적, 후자는 뜻 혹은 이념이라고 할 수 있다.

가령 화과자 가게라면 사람들이 가게를 방문하도록 하는 것이 목적이며, 또 그 너머에 무엇이 있는지 생각한다. '우리 가게의 정말로 맛있는 상품을 사람들에게 알리고 싶다.' 또는 '먹으면 누구나 기분이 좋아지는 화과자를 창업 이후로 지금까지

다같이 열심히 만들고 있다.'와 같이, 기업 활동의 중심 부분을 명확히 하는 것이다. 그것만으로도 SNS의 게시물이 달라질 것이다.

모리미술관의 경우 목표는 관람객의 방문이라고 앞에서 말했다. 필자는 마케팅 담당자이므로 회사에서 필자에게 원하는 것은 관람객을 늘리는 일이다. 그러나 이것은 어디까지나 '목적'이다. 그 너머에는 '뜻'이 있다.

SNS를 하다 보면 시시한 소문이나 논란, 사건 등 사회의 부정적인 정보를 많이 접하게 된다. 한편 자신의 업무에 관한 정보나 노하우도 많이 접할 것이다. 정보 과잉인 타임라인 속에 부정적이지도 않고 좀스러운 정보도 아닌, 무엇과도 직결되지 않는 제3의 가치를 보여 주고 싶다. 문화적인 정보와 예술의 힘을 통해 마음과 인생을 조금이라도 풍요롭게 만들기 바란다. 이것이 필자가 생각하는 모리미술관 SNS 계정의 '뜻'이다.

그런 생각으로 하루하루 게시물을 올리고 있기

테크닉보다 훨씬 중요한 것

에 '오세요', '사세요'와 같은 선전 냄새가 나는 계정이 되지 않는다. 자화자찬이지만 그 덕분에 필자가 SNS 담당자가 된 후로 팔로워가 급증했다고 생각한다.

물론 모리미술관을 포함해 수많은 기업의 활동은 상품을 많이 파는 일, 고객을 많이 모으는 일, 이익을 많이 내는 일이 전제가 된다. 그것을 소홀히 해서는 안 된다. 그러나 자신들의 상품을 통해 고객이 어떻게 되기를 바라는지, 자신들의 서비스로 사회를 어떻게 바꾸고 싶은지, 이처럼 비즈니스를 초월한 뜻과 이념을 통해 움직여야 결과적으로 더 높은 곳으로 갈 수 있다고 생각한다.

그런 마음으로 게시물을 올리다 보면 계정 전체에서 '좋은 느낌'이 나게 된다. 약간의 향신료와 같아서 게시물 하나하나를 볼 때는 눈치채지 못할지도 모르지만, 1년이 지났을 때는 다른 계정들을 큰 차이로 제치게 된다. 자연스럽게 팔로워도 늘어나고 기업의 브랜딩으로도 이어진다.

"1개월 만에 팔로워 1만 명을 얻기 위해서는 어떻게 해야 하나요?"라는 질문을 자주 받는데, 그럴 때 필자는 "그런 일은 어렵습니다."라고 딱 잘라 대답한다. 하루하루 열심히 해서 '좋은 느낌'이 나는 계정을 키워내자.

테크닉보다 훨씬 중요한 것

'얼마나 많은 사람들이 봤는가'가
최대의 지표

'뜻'을 재확인한 다음에는 그것을 고려하여 단
기적인 목표를 어떻게 설정할지도 생각해야 한다.

온라인 쇼핑몰을 운영하는 기업 등에서는 얼마
나 많은 사람을 그 기업의 웹사이트로 유도했는
지 KPI(핵심 성과 지표)로 나타낼 것이다. 그러나
모리미술관은 웹사이트 유도나 클릭 수를 중시하
지 않는다.

중시하는 지표는 '얼마나 많은 사람들이 봤는가'
라는 노출 수(게시물이 표시된 횟수)와 '몇 명이 봤

는가'라는 도달한 수이다.

극단적으로 말하면 사전에 설정한 타깃층에서 한 명이라도 더 많은 사람에게 게시물을 보여 주는 데 가치가 있다고 생각한다.

모리미술관은 앞으로 인지도가 높아질 것으로 보이는 젊은 작가들의 작품을 전시할 때도 있다. 모르는 작가, 본 적 없는 작품의 전시회에 가고 싶은 마음을 불러일으키기 위해서는 정리된 정보를 타깃에 제대로 전달하는 동시에, 전시회의 중심 이미지에서 굿즈 정보에 이르기까지 다양한 정보를 넓은 층에 단편적으로 전달하는 일이 효과적이다.

그러므로 광고의 타깃은 좁게 설정한다. 주된 대상은 수도권인 도쿄, 가나가와, 사이타마, 지바에 사는 20~30대 남녀이다. 그중에서도 미술, 음악, 영화, 패션 등에 관심이 있는 사람들에게 한 명이라도 더 많이 전달되도록 한다. 모르는 대상

테크닉보다 훨씬 중요한 것

에 돈을 쓰러 가는 사람은 적다. 먼저 알리는 것이 최우선이다.

한편 〈무라카미 다카시의 오백나한도전〉과 같이 현대미술 슈퍼스타의 전시회를 여는 경우, 즉 작가의 인지도가 높은 경우에는 작전을 바꿀 필요가 있다. 이 경우는 어쨌든 무라카미 다카시의 모든 팬에게 정보를 전달해야 하므로 팬층에 집중해서 광고를 낸다. 무라카미 다카시라는 이름은 알지만 전시회에 간 적은 없는 사람들에게도 광고를 낸다. 그리고 전시회 주제가 '오백나한'이므로 불교미술, 일본미술에 관심이 있는 층에도 광고를 낸다. 광고 내용도 절대 '1인당 1,800엔입니다. 꼭 오세요.'와 같은 느낌으로는 만들지 않는다. 선전의 냄새가 나기 때문이다. '이런 전시회를 하고 있습니다.'라는 사실만을 한결같이 전달한다.

작가의 인지도가 높은 경우는 타깃을 좁힐 수 있지만 〈카타스트로프와 미술의 힘전〉과 같은 단체전의 경우는 그렇게 하기 어렵다. 그 경우는 수도권에 사는 20~30대 젊은이들에게 중심 이미지와 전시회 이름을 계속해서 각인시킨다.

단체전의 경우 광고에는 작가들의 이름을 표시하지 않는다. 전시회의 이름보다 작가의 이름이 더 눈길을 끄는 경우가 있어 개인전과 혼동될 우려가 있다.

〈우주와 예술전〉에서는 티벳 만다라 사진을 페이스북에 올렸더니 비교적 나이가 많은 층의 반응이 컸다. 그래서 높은 연령대에는 〈만다라〉를 전면에 내세운 광고를 내고, 젊은 연령대에는 팀랩의 신작을 내세운 광고를 냈다.

이처럼 SNS 게시물로 사용자들의 반응을 항상 파악할 수 있기에, 상대방의 기호에 맞춰 광고를 낼 수 있다.

테크닉보다 훨씬 중요한 것

부정적인 반응을 두려워하지 않고
사용자를 상대한다

다른 의견, 비판, 클레임 등등 논란까지 가지 않더라도, SNS를 하다 보면 부정적인 반응이 돌아오기도 한다. 그럴 때는 SNS 담당자로서 어떻게 대응해야 할까?

다행히 모리미술관의 계정에는 그러한 리트윗이나 댓글이 거의 없다. 다만 모리미술관의 평판을 검색해 보면 미술 평론가들이 '이 전시회에 대해 나는 이렇게 생각한다.'라는 의견을 게시한 경우가 있다. 모리미술관의 기본적인 사고방식은 사회에 질문을 던져서 논의가 일어나는 일을 오히려 환영한다는 것이다. 긍정적인 의견과 부정적인 의견 모두 귀중한 의견으로 받아들인다. 미술관은 논의의 장이 되어야 한다는 생각이다.

신랄한 의견이나 자신을 부정하는 듯한 의견과 만나면 누구나 마음이 동요한다. 그러나 일희일비할 필요는 없다.

그것을 두려워해서는 세상을 뒤흔들 질문을 던질 수 없고, 애초에 SNS 담당자로서 맡은 일도 할 수 없다. SNS 담당자는 사용자들을 정면으로 상대해야 영향력을 발휘할 수 있다.

'모리미술관에서는 촬영이 가능합니다.'라는 게시물을 올릴 때도 문제가 된 적은 없다. '조용히 작품을 감상하고 싶은데 촬영하는 사람이 많아서 방해가 된다.'라는 의견이 있을지도 모른다고 각오하고 있었는데, 직원들에게 확인해 봤더니 현장에서 직접 그런 말을 하는 관람객은 거의 없었

251

테크닉보다 훨씬 중요한 것

다고 한다. 셔터 소리가 시끄럽다는 게시물을 본 적은 있다. 이것은 사실 우리 문화 특유의 문제 다. 외국의 스마트폰 카메라는 기본적으로 '찰칵' 하는 셔터 소리가 울리지 않게 되어 있다. 하지만 일본의 스마트폰에서는 셔터 소리가 나게 되어 있다.

이 점만은 외국의 스마트폰과 같이 바뀌었으면 좋겠다고 생각하는 한편으로, 셔터 소리에는 몰 카 등을 방지할 목적도 있으니 어쩔 수 없다는 생 각도 든다.

주제를 조금 벗어난 이야기지만 소리의 경우 '발소리'에 대한 클레임이 더 많다. 하이힐이나 구 두의 또각또각 소리가 조용한 미술관 안에서는 귀에 거슬리는 경우가 있다. 어느 미술관에서는 관람객들을 배려해서 조용한 전시 환경을 제공 하기 위해 바닥을 전부 카펫으로 바꾸었다고 들 었다.

SNS 사용자의 의견에 대한 예로 〈무라카미 다카시의 오백나한도전〉 전시가 끝나갈 때 이런 일이 있었다. 모리미술관은 편의점 등에서 예매권을 판매한다. 미리 구매해 두면 미술관 매표소에 줄을 서지 않고 빠르게 입장할 수 있다.

필자도 트위터에 예매권에 대한 정보를 올렸다. 그런데 마지막 날 '편의점에 갔는데 사지 못했다.'라는 트윗이 있었다. 상황을 곧바로 확인해 보니 저녁에 판매가 종료된 것이었다. 마지막 날 밤까지 판매하면 입장 시간까지 도착하지 못할 우려가 있기 때문이다.

100퍼센트 필자의 확인 부족이었다. 트윗을 올린 고객에게 곧바로 사과하고, 미술관에서 직접 표를 구매하도록 부탁하는 답변을 했다. 모리미술관 계정은 기본적으로 게시물에 답변하지 않지만, 이처럼 과실이 있었던 경우는 예외다. 문제를 모두와 공유하는 의미에서 인용 리트윗이나 댓글 기능을 이용해서 답변한다.

외부와 내부의
이해를 구한다

　최근에는 마케팅 담당자들을 위한 세미나에서 모리미술관의 디지털 전략을 이야기할 기회가 늘었다. 업종을 불문하고 다양한 기업 담당자들이 자주 이야기하는 고민은 이것이다. "회사나 상사에게 SNS 마케팅의 중요성을 알리려면 어떻게 해야 할까요?"

　회사에 이해받는 일을 포기한 사람도 많은 모양이다. 아무래도 SNS를 하지 않는 사람이 보면, 인스타그램에 게시물을 올리는 모습 등은 스마트폰을 만지작거리는 모습으로밖에 보이지 않는다. 겉모습으로는 좀처럼 이해받기 힘들다.

그러나 SNS 담당자는 많은 사람들에게 영향을 미치는 중요한 산물을 손안의 기기로 만들어 내기 때문에 SNS 담당자는 내부에서 이해받는 일을 포기해서는 안 된다.

SNS 담당자는 외부분만이 아니라 내부에도 정보를 전달할 '의무'가 있다고 생각한다. 회사가 SNS 마케팅의 중요성을 이해하지 못해서 '뭐, 안 해도 되겠지'라고 생각한다면 회사에 큰 손실이다. 우리와 같은 담당자, 소셜미디어 매니저의 위치도 언제까지고 안정되지 않을 것이다. 그렇게 되면 기업의 SNS도 안정되지 않는다.

중요한 것은 사내에 대한 보고와 공유를 게을리하지 않는 것이다. 그리고 진척 상황을 이해하기 쉽게 보고하는것을 명심해야 한다. SNS 담당자의 업무에 보고까지 포함된다고 생각해야 한

255

다. 모리미술관에서는 정보가 어느 정도로 확산되었는지 흐름을 한눈에 알 수 있도록 표를 만들어 보고서를 작성한다.

① 기간을 정한다.
② 게시물을 기록한다.
③ 노출 수의 누적 그래프를 그린다.

우선 ①은 효과를 측정할 기간을 정하는 것으로 모리미술관에서는 기획전의 전시 기간이다. 그 기간 동안 효과가 어느 정도였는지 측정하고 알기 쉬운 기간을 설정한다. 연도여도 좋다.

다음으로 ②, 게시물의 기록이다. 다소 성가신 작업이지만 양식을 미리 만들어 두면 그다지 힘든 작업은 아니다. 언제 어떤 게시물을 올렸는지 기록하고, 참여율도 함께 기록한다. 기록하는 항목은 게시일, 게시글, '좋아요' 수, 공유 수, 리트윗 수, 노출 수 정도면 적당할 것이다.

그리고 ③, 내부의 이해를 받기 위해서는 알기 쉽게 가시화한 숫자가 중요하고 ③이 큰 포인트다. 중요한 것은 ②에서 기록한 각 게시물의 노출 수를 누적 그래프로 그리는 일이다.

다음의 그림은 그래프의 예시다. 전시회가 시작해서 끝날 때까지 노출 수를 누적해서 그래프로 그린 것이다. 전시 기간 동안 게시물이 이렇게 많이 표시되었음을 시각적으로 이해할 수 있다.

도중에 계단과 같이 단차가 생긴 부분은 좋은 게시물이 나왔다는 표시다. 이때 ②의 기록으로 돌아가서 어떤 게시물이었는지 검증하는 일도 중요하다.

테크닉보다 훨씬 중요한 것

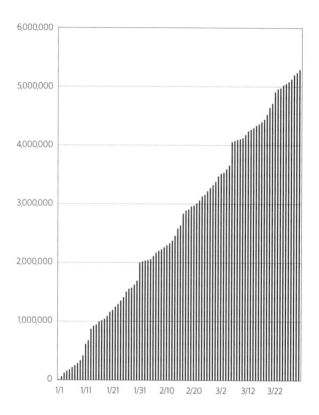

노출 수의 누적 그래프 예시

이렇게 정기적으로 사내에서 자료를 공유하는 일은 SNS 담당자의 중요한 업무 중 하나다. 경우에 따라서는 이 표를 인쇄해 정식으로 파일에 넣어서 누구나 볼 수 있도록 하는 것도 방법이다. 이 숫자는 기업이나 조직의 힘을 알기 위해 중요한 자료다.

'이렇게 효과가 좋은데 왜 이해해 주지 않을까?' 하고 혼자 분개만 해서는 아무것도 달라지지 않는다. 사용자들에 대해 전략적으로 게시물을 올리고, 사내에서도 이해를 받도록 최선을 다해서 SNS를 활발하게 이용하는 환경을 만들자. 담당자에게는 그런 책임이 있는 것이다. SNS 담당자는 기업 계정의 힘을 키우고 활용한다. 그 담당자가 없어지면 어떻게 될까? 여기까지 읽었다면 이해할 수 있을 것이다.

테크닉보다 훨씬 중요한 것

SNS 담당자가 할 수 있는
일은 그 외에도 많다

2003년 롯폰기 힐스가 개업하고, 롯폰기의 상징으로서 미술관이 모리빌딩 최상층에 문을 열었다. 지금은 모리미술관 외에도 산토리 미술관(2007년 도쿄 미드타운으로 이전), 국립 신미술관(2007년 개관)을 비롯해 여러 미술관과 갤러리가 롯폰기에 모여들었다.

모리미술관 뿐만 아니라 롯폰기 전체의 미술 정보와 행사 정보를 전달하게 되면 사용자들에게 더 유익한 계정이 될 것이라고 생각한다. '모리미술관을 팔로우하면 롯폰기의 미술계, 나아가 도쿄의 미술계를 알 수 있다.'라고 인식된다면 이상적일 것이다.

그러나 지금 인기 있는 SNS도 언젠가 어디선가 다른 SNS로 교체되지 않을까 생각할 때도 있다. 지금 이상으로 SNS를 활용해 나갈 생각이라면 틀을 벗어나서 새로운 다음 대상을 연구해야 한다. 그 준비를 해 두는 일이야말로 진보와 변화가 빠른 디지털 마케팅의 세계에 적응해 나가는 유일한 방법일지 모른다.

욕심을 부리자면, 도쿄뿐만 아니라 전 세계의 미술관들과 연결될 수 있다면 최고일 것이다.

'수영장 할인'에서 협조를 얻었던 가나자와 21세기 미술관과 세토내해의 나오시마에 있는 지추미술관을 예로 들 수 있다. 거리는 멀지만 모리미술관은 이 두 미술관과 비슷한 시기에 문을 열었고 현대미술관이라는 공통점도 있어 가까운 존재

261

라고 생각한다. 모리미술관은 이 두 미술관과 '뮤지엄 링크'라는 협력 관계를 맺고 있으며, 입장료 할인이나 사은품 등의 혜택이 있는 스탬프 랠리도 실시하고 있다.

2019년 2월 개막한 〈롯폰기 크로싱 2019전: 연결해 보다〉에서는 위치와 장르가 다른 미술관들과 연계할 수 있었다. 이 전시회는 2월 9일 개막이었는데, 2월 9일에 개최되는 대형 전시회가 일본에 7개나 있음을 알게 됐다. 앞에서 설명했던 프레스 리뷰는 개막 전날에 있는 경우가 많아 같은 날 개막하는 전시회가 많으면 미디어 일정이 서로 부딪칠 우려가 있다.

미디어 릴레이션에서는 미술관끼리 프레스 리뷰 시간을 조정하는 등의 연계가 이루어지고 있다. 이것을 역으로 이용해서 〈롯폰기 크로싱 2019전: 연결해 보다〉의 부제를 응용해, '연결해 보는 할인'이라는 이름으로 같은 날 전시회를 개최하는 미술관들을 '할인'으로 연결하는 기획을 실시했다.

도쿄도 미술관, 미쓰이 기념미술관, 국립 국제 미술관, 이즈미시 구보소 기념미술관, 모리미술관, 이렇게 5개의 미술관이 연계했다. 각 미술관의 표를 모리미술관에 제시하면 그대로 할인되는 서비스를 실시하고 있다.

다만 SNS의 연계는 그렇게까지 활발하지 못하다. SNS 담당자들이 좀 더 서로 교섭할 수 있다면 좋겠지만, 서로 부담을 줘서는 안 된다는 이유로 눈치를 살피게 된다. 만약 여러 미술관의 SNS 담당자들이 연계해서 1년에 한 번이라도 SNS를 통해 뭔가 할 수 있다면 재미있을 것 같다.

그러나 전임 홍보 담당자가 없는 미술관도 많다고 들었다.

큐레이터가 온갖 업무를 겸임하는 것이다. 전시회를 기획하고, 예술가들과 미술관을 연결하고, 전시 계획을 짜고, 포스터와 전단지도 만들고,

테크닉보다 훨씬 중요한 것

전시관 운영도 살피는 등등 큐레이터는 사실 잡무 담당이라고 말하는 사람도 있다. 그렇게 되면 SNS에 할애할 시간은 도저히 나지 않는다.

특히 지방의 미술관과 박물관은 저출산 고령화의 영향으로 관람객이 매년 줄어, 인력과 예산이 모두 부족한 곳이 많은 듯하다.

그러나 그런 전시관일수록 SNS를 활용하면 좋을 것이라고 생각한다. 새로 사람을 고용할 필요는 없다. 눈에 띄는 무언가를 할 필요도 없다. 지금 있는 직원들이 성실하게, 하루하루 일어나는 일들을 과장 없이 게시하는 습관을 들이면 된다.

이 전시관이 어떻게 설립되었는지, 이 작품은 어떤 재미있는 경위로 탄생했는지, 관장의 캐릭터가 좋다든가, 건물이 유명한 건축가의 작품이라든가, 어느 부분에서 사용자가 열렬히 반응할지 알 수 없는 일이다.

정보를 전달하지 않으면 사람들은 알아주지 않는다. 사람들이 알아주지 않는다면 아무 일도 일어나지 않은 것이나 마찬가지다. 열심히 포스터와 전단지를 제작해서 공공기관, 도서관, 학교, 문화센터, 역에 붙이고 끝나면 그 결과로 400명 정도가 방문하는 데서 그친다. 그렇게 되면 아까운 일이다.

SNS는 인력이나 예산이 없어도 효과를 발휘할 수 있는 강력한 '무기'임을 이 책에서 설명했다. 그 무기를 부디 활용하기 바란다.

지방에는 재미있는 콘텐츠가 아직 많이 묻혀 있을 것이다. 전시관들이 SNS로 정보를 알림으로써 그 콘텐츠가 자연스럽게 발굴되면 일본 각지의 콘텐츠가 더욱 더 재미있어질 것이다. 나아가 지자체와 행정부도 연계해서 SNS를 활용하면 그 활발함도 주목을 받을 것이다. "이번에는 저 미술관에 가 볼까?", "이 박물관이 재미있다는데." 이런 대화가 여기저기서 들려오면 좋겠다.

테크닉보다 훨씬 중요한 것

담당자의 소중함

여기까지 읽은 독자 여러분이, 미술관 SNS 담당자들이 매일 이것저것 시행착오 하는 모습을 이해하시기를 희망합니다. 제가 직접 경험한 일과 그때그때 생각한 것을 솔직하게 썼다고 생각합니다.

"무엇을 하면 효과가 금방 나타나나요?" 저는 이런 질문을 자주 받습니다. 이 질문에 확실하게 할 수 있는 대답이 한 가지 있습니다.

그것은 SNS 담당자, 즉 '소셜미디어 매니저'라는 전임 직책을 마련하는 일입니다.

많은 조직에서는 전임 담당자를 두지 않습니

다. 담당자가 있어도 다른 주된 업무가 있고, 짬짬이 SNS를 하는 경우가 많습니다. 그러나 SNS는 짬짬이 해서는 좀처럼 효과가 나지 않습니다. 게시물을 분석하고 전략을 생각하는 일은 생각보다 시간이 많이 걸립니다.

그러므로 필자는 "가능하다면 전임 담당자를 두세요."라고 말합니다. 설령 다른 직책과 겸한다 해도 업무의 비중을 SNS에 둘 수 있다면 아마 좋은 결과를 금방 낼 수 있을 것입니다.

전임 담당자를 둔 조직도 소재의 준비에서 게시, 분석, 결과 보고까지 아웃소싱하는 경우가 있습니다. 인원을 할애하기 어려운 경우 운용을 외부에 위탁하는 것은 하나의 방법입니다.

다만 조직 내의 담당자이기에 올릴 수 있는 게시물도 있습니다. 저는 매일 모리미술관의 사무실에 있어 예술가, 큐레이터, 코디네이터, 관리 전문가 등 기획과 제작에 관여하는 사람들부터 홍

테크닉보다 훨씬 중요한 것

보팀, 관리 및 운영 담당에 이르기까지 여러 사람이 고생해서 전시회를 준비하는 모습을 지켜봅니다. 이 분위기를 알고 있기에 나오는 게시물과 외부 전문가가 올리는 게시물 사이에는 차이가 있다고 생각합니다. 그것이 내부 담당자의 강점입니다.

담당자의 강점은 또 있습니다. SNS를 운용하다 보면 생각지 못한 부산물이 생깁니다. 그것은 SNS를 의식한 홍보를 생각해낼 수 있게 된다는 것입니다.

이 책에서 소개한 '수영장 할인'과 '연결해 보는 할인'이 그 대표적인 예입니다. 철운석 도검《유성도》의 기획도 같은 논리로 고안한 것입니다.

아쉽게도 실현되지 않은 기획도 많이 있습니다. 그러나 이런 센스가 자연스럽게 발달하는 것은 조직에 큰 이점이 아닐까요.

화제가 될 듯한 소재를 항상 찾아내는 습관이

들고 그 특징을 분석하거나 타사의 사례를 연구하는 동안, 화제가 되는 소재의 공통점을 감지하는 안테나가 생겨납니다. 거기까지 가면 단순히 화제가 될 소재를 찾는 데서 그치지 않고 화제가 될 기획을 직접 고안할 수 있게 됩니다. 이런 부산물이 있으므로 해 볼 가치가 반드시 있습니다.

여기까지 제가 한 이야기들을 떠올려 보기 바랍니다.

이 책은 디지털 마케팅이라고 불리는 장르의 책이지만, 숫자와 그래프를 이용한 기술 해설보다는 운용 이론, 사용자의 시각에서 본 전략, 그리고 담당자가 할 일에 중점을 두었습니다.

디지털 도구를 이용해 결과를 내기 위해 조직과 마케팅 담당자는 무엇을 해야 할지, 그 부분을 전달하고 싶었습니다. 같은 말의 반복이지만 '문화와 예술은 경제보다 위에 있어야 한다.'라는 말대로, SNS 계정은 비즈니스적인 게시물이 아니라

269

테크닉보다 훨씬 중요한 것

문화적이고 예술적인 게시물을 올림으로써 강력한 힘을 가지게 됩니다. SNS가 잘되지 않으면 꼭 그 점을 떠올리기 바랍니다.

　모처럼의 기회이니 이 책을 읽어 주신 여러분과 SNS에서 다시 만날 수 있다면 좋겠습니다. 시간이 나면 아래의 공식 계정을 보러 와 주십시오.

모리미술관 공식 SNS 계정

- 트위터 https://twitter.com/mori_art_museum
- 인스타그램 https://www.instagram.com/moriartmuseum/
- 페이스북 https://www.facebook.com/MoriArtMuseum/

마지막으로, 이 책을 출판하면서 쇼에이샤의 하세가와 가즈토시 씨께 큰 도움을 받았습니다. 진심으로 감사드립니다.

그리고 끝까지 읽어 주신 독자 여러분께도 깊이 감사드립니다. 제가 이야기한 '문화적이고 예술적인 게시물'이 SNS에 널리 퍼져, 스마트폰 화면 너머에서 그 게시물과 만난 분들이 조금이라도 더 풍요로운 기분을 느낄 수 있다면 그 이상의 기쁨은 없을 것입니다.

도다누키 신이치로

테크닉보다 훨씬 중요한 것

줄서는 미술관의
SNS 마케팅 비법

초판 발행일 2020년 9월 28일 | **1판 2쇄** 2020년 12월 14일

발행처 유엑스리뷰 | **발행인** 현명기

지은이 도다누키 신이치로

옮긴이 이정미 | **편집** 박수현 | **디자인** 궁성혜

주소 부산시 해운대구 센텀동로 25, 104동 804호

팩스 070.8224.4322

등록번호 제333-2015-000017호

이메일 uxreviewkorea@gmail.com

ISBN 979-11-88314-54-6

シェアする美術 森美術館のSNSマーケティング戦略
(Share Suru Bijutsu : 6000-9)
© 2019 Shinichiro Dodanuki
Original Japanese edition published by SHOEISHA Co.,Ltd.
Korean translation rights arranged with SHOEISHA Co.,Ltd.
in care of HonnoKizuna, Inc. through KOREA COPYRIGHT CENTER
Korean translation copyright © 2020 by UX REVIEW